AF532905

Natürlich SCHÖN

 Die Seifenmanufaktur 

EMF

EIN BUCH DER
EDITION MICHAEL FISCHER

Inhalt

Vorwort

Meine erste Berührung mit handgemachter Seife hatte ich auf einem regionalen Mittelaltermarkt vor etwa neun Jahren. Die Haptik und das Aussehen der Seifen dort waren ganz anders, als ich es von mir bis dato bekannten Seifenstücken aus dem Handel kannte. Und erst die Düfte, Formen und Farben ... Ein langes Gespräch mit der Seifensiederin und einige erworbene „Schätzchen" ließen in mir den Wunsch reifen, die Herstellung von Seife auch einmal selbst auszuprobieren.

Schon von Kindesbeinen an hatte ich immer wieder mit Unverträglichkeiten bei Kosmetika zu kämpfen. Deshalb las ich meist lieber die Aufzählung der Inhaltsstoffe eines Produktes als das hübsche Produktetikett. Zudem stellte ich Cremes selbst her. Auch bei Seife vollständig bestimmen zu können, welche Zutaten in mein persönliches Pflegeprodukt kommen, hat mich fasziniert und seitdem nicht mehr losgelassen. Vielleicht war dies ja auch für dich der Grund, dieses Buch zu erwerben. Möglicherweise gefällt dir aber auch einfach der „Schritt zurück" zu mehr Natürlichkeit.

Nach so vielen Jahren Seifensieden, vielen Workshops und Begegnungen mit anderen Siedern könnte ich gut und gerne einen ganzen Tag lang nur über ätherische Öle, Farben und Pigmente oder über das Verhalten von Ölen und Fetten in unterschiedlichen Konzentrationen in der Seife reden. Für dieses Buch möchte ich mich allerdings auf die Grundlagen beschränken und dir zeigen, was du für deine ersten Versuche wirklich wissen musst. Dabei will ich kein Chemie-Glossar verfassen, sondern dir vielmehr Anregungen und Inspirationen geben, welche Möglichkeiten und Verwendungszwecke Seife bietet.

Sollte dich das Hobby genauso in seinen Bann ziehen wie mich zu jener Zeit, wird die Neugier auf weiterführende Literatur von ganz alleine kommen.

Und nun wünsche ich dir viel Freude beim Ausprobieren!

Kathrin Landmann

Grundlagen

WAS IST NATURSEIFE?

Handgemachte Seife wird in der Regel im Kaltrührverfahren (CP = Cold Process) gesiedet. Diese Methode beruht auf einer chemischen Reaktion zwischen den Fettsäuren aus den verwendeten Ölen und Fetten sowie der basischen Lauge aus Natriumhydroxid und destilliertem Wasser. Beide Komponenten verbinden sich zu einer zähen Flüssigkeit, die in Form gegossen wird und darin verseift. Nach dem Herausnehmen aus der Form reift die Seife noch ca. 4–6 Wochen und wird dadurch milder. Da keine weitere Erhitzung notwendig ist, nennt man dieses Verfahren „Kaltrühren". Eine andere Arbeitstechnik ist die Verseifung mit Kaliumhydroxid – hierbei entstehen Schmierseifen von flüssiger Konsistenz. Oder aber auch die Mischverseifung mit Natriumhydroxid und Kaliumhydroxid – sehr gern angewendet bei Rasierseifen.

Neben dem Kaltrührverfahren gibt es noch den Prozess der Heißverseifung (OHP = Oven Heat Process). Auf diese Heißverseifung gehe ich in dem Rezept „Rasierseife" und im Kapitel „Troubleshooting" mit einer Anleitung etwas näher ein.

Beim Verseifungsprozess entsteht außerdem Glycerin, das deine Haut ganz natürlich pflegt. Kommerzielle Seifenhersteller entfernen durch Produktionsprozesse das Glycerin oft vollständig oder „salzen es aus", um es dann beispielsweise in anderen Produkten weiterzuverwenden. Handgemachte Seifen behalten allerdings dieses natürlich entstandene Glycerin und machen das Seifenstück somit pflegend. Auch den Überfettungsgrad deiner Seife kannst du selbst bestimmen und errechnen.
Das bedeutet, mehr Öl zu verwenden, als von der Lauge letztendlich verseift wird. Das macht deine Seife rückfettend und pflegt die Haut ebenfalls. Trotz allem ist Seife als ganz natürliches Tensid ein „Reinigungsmittel" und ersetzt nicht immer eine eventuell notwendige zusätzliche Pflege nach dem Waschen.

Zutaten wie Milch, Honig, Kräuter, Blüten, Farben, ätherische Öle oder Parfümöle machen deine Seife schließlich zu deinem persönlichen Pflegeprodukt für jeden Tag.

DES SIEDERS SPRACHE

In diesem Buch und auch vielleicht später in weiterführender Literatur oder Onlinebeiträgen werden dir immer wieder verschiedene Begriffe begegnen, die fest mit dem Seifensieden verknüpft sind und sich in diesem Bereich etabliert haben. Einige wichtige Begriffe möchte ich dir an dieser Stelle kurz genauer erläutern:

NATRIUMHYDROXID (NAOH)

Bei kaltgerührten Seifen eine unabdingliche Zutat und zugleich mit größter Vorsicht zu behandeln. Oft wird es als Ätznatron oder Natronlauge bezeichnet – in alten Rezepten auch noch als Seifenstein. Du kannst es beispielsweise in deiner örtlichen Apotheke auf Vorbestellung kaufen oder bei einschlägigen Rohstoffhändlern im Internet beziehen. Es ist ein weißer, kristalliner Stoff, der im Handel als Plättchen oder Perlen erhältlich ist. Natriumhydroxid ist als Gefahrstoff mit dem Label „Ätzend" gekennzeichnet, der Umgang damit erfordert die strikte Einhaltung der empfohlenen Sicherheitsvorschriften. Niemals ohne Handschuhe und schon gar nicht ohne eine geeignete Schutzbrille arbeiten! Schon der kleinste Spritzer in die Augen kann zu Erblindung führen, Berührung mit der Haut zu starken Verätzungen. Aus diesem Grund trage bitte beim Hantieren damit immer langärmelige Kleidung. Natriumhydroxid ist immer gut verschlossen, trocken und vor allem unzugänglich für Kinder und Haustiere aufzubewahren. Sollte doch einmal ein Spritzer auf die Haut gelangen, unbedingt sofort mit viel klarem Wasser abspülen, bei größeren Mengen einen Arzt aufsuchen. Bei verschluckter Lauge besteht Lebensgefahr! Kein Erbrechen herbeiführen!

ÜBERFETTUNG (ÜF)

In Prozent angegeben ist dies die Zahl, die zeigt, wie viel der verwendeten Öle und Fette nicht verseift wurden. Ein schöner, sehr anschaulicher Cartoon hat das einmal mit einer Herde von 100 Schafen (=Fette bzw. Öle) erklärt, von denen der Wolf (=NaOH-Lauge) 95 Schafe frisst. 5 Schafe bleiben verschont – das würde in unserem Cartoon-Beispiel die Überfettungsrechnung (also eine Überfettung von 5%) ergeben. In der Regel überfettet man Seifen zwischen 5 und 7%. Bei einigen Seifen wie z. B. Gesichtsseifen ist auch eine Überfettung bis 10% denkbar, um eine pflegende Rückfettung für die Haut zu erreichen. Allerdings kann das nicht verseifte Öl in der Seife unter Umständen auch zu verfrühtem Verderben des Produkts führen. Eine geringe Überfettung von 3–4% wird oft in Haarseifen-Rezepten empfohlen: Zu hoch überfettete Seifen würden die Haare nämlich strähnig werden lassen und nicht den gewünschten Effekt der Reinigung erzielen.

VERSEIFUNGSZAHL (VZ)

Jedes Öl und jedes Fett hat eine eigene, spezifische Verseifungszahl. Eine Übersicht darüber findest du am Ende dieses Buches in tabellarischer Form. Mithilfe der Verseifungszahl und der im Rezept angegebenen Menge an Fett oder Öl kannst du genau berechnen, wie hoch deine Seife überfettet sein soll bzw. wie viel Lauge zum Verseifen der eingesetzten Fette bzw. Öle benötigt wird. In den Rezepten stehen hinter den Ölen die Prozentangaben der Menge. So kannst du mit etwas Übung die hergestellte Seifenmenge problemlos verringern oder vergrößern – abhängig von der zu befüllenden Form.

Es sei vorangestellt, dass die meisten Sieder die Verseifungszahl nicht mehr „zu Fuß" ausrechnen, sondern praktische „Seifenrechner" oder einen „Soap Calculator" im Internet benutzen, in die man lediglich die Menge der Öle und Fette eingibt und dann neben der gewünschten Überfettungs-Prozentzahl die Gramm-Menge an NaOH abliest. Der Vollständigkeit halber möchte ich dir trotzdem kurz den Rechenweg aufzeigen. Im Übrigen werden flüssige Öle (sowie auch alle anderen Zutaten wie ätherisches Öl oder Milch) immer in Gramm abgewogen, nie in Litern oder Millilitern. So bleibt man bei einer stringenten Rechnung mit einer Gewichtseinheit.

BEISPIELRECHNUNG

Olivenöl hat eine Verseifungszahl von 0,1345.

Möchtest du in deinem Rezept also 100 g Olivenöl verseifen, lautet die Rechnung:

100 g Olivenöl × 0,1345 = 13,45 g NaOH (Natriumhydroxid).

500 g Olivenöl (VZ 0,1345)	=	67,25 g NaOH
250 g Kokosfett (VZ 0,1830)	=	45,75 g NaOH
150 g Kakaobutter (VZ 0,1380)	=	20,7 g NaOH
100 g Rapsöl (VZ 0,1354)	=	13,54 g NaOH
		147,24 g NaOH

Den nötigen Anteil an Natriumhydroxid berechnet man schrittweise für jedes im Rezept aufgeführte Öl oder Fett:

Insgesamt 1000 g Fette und Öl verseift man also komplett mit 147,24 g NaOH. Dies würde allerdings eine Überfettung von 0% nach sich ziehen. Möchtest du deine Seife also mit 5% überfetten, ziehst du von der Gesamtmenge NaOH einfach 5% ab:

147,24 g NaOH x 0,05 = 7,362 g NaOH

Wir subtrahieren also von der Gesamtmenge 147,24 g NaOH 7,362 g (= 5%) NaOH und erhalten 139,88 g NaOH.

Verseifen wir nun dieses Rezept von 1000 g Fetten und Öl mit in Wasser gelösten 139,88 g NaOH, erhalten wir eine mit 5% überfettete Seife. Üblicherweise rechnet man mit etwa einem Drittel Wasser auf die Gesamtfettmenge. Bei 1000 g Fetten ergibt das 330 g Wasser.

Zusammengefasst:

1000 g Fette (aus dem vorgenannten Rezept)

330 g Wasser

139,88 g NaOH

Wie eingangs erwähnt, ist dies jedoch eine aufwendige Methode, die dem modernen Seifensieder durch die zahlreichen Onlineseifenrechner inzwischen erheblich erleichtert wird (einige davon findest du am Ende des Buches unter „Quellen“). Nichtsdestoweniger ist es gut, zu wissen, wie diese Berechnungen zustandekommen.

An dieser Stelle sei noch ergänzt, dass im Folgenden in den Rezepten meist die Fettmenge von 1 kg angegeben ist. Dahinter findest du jeweils die Prozentzahl für jedes einzelne Fett/Öl, also den Anteil, den das Fett in der Gesamtfettmenge einnimmt. So kannst du per Dreisatz das Rezept ganz leicht umrechnen, um die von dir gewünschte Seifenmenge herzustellen – ganz abhängig von der gewählten Seifenform. Auch die im Anhang angegebenen Seifenrechner zeigen dir nach Eingabe der Fette/Öle immer an, welchen prozentualen Anteil das Fett im Rezept einnimmt.

GELPHASE

Dies ist die Phase, in der deine Seife in der Form die chemische Reaktion der Verseifung durchläuft. Ausgehend von ihrem Zentrum, erhitzt sich die Seife und bekommt einen leicht glasigen Kern, der sich nach und nach bis zum Rand der Form ausbreitet. Oft kühlt die Seife aber auch vorzeitig ab, sodass dieser glasige Kern nicht bis zum Rand der Form vordringt. Die Gelphase ist nicht unbedingt notwendig für eine gute Seife und bei manchen Rezepten sogar unbedingt zu vermeiden. Bei Einzelformen hat man meist gar keine Gelphase, kann diese aber beispielsweise „anstoßen“, indem man die Seife für einige Zeit bei ca. 50 °C in den Backofen stellt. Sieder pflegen übrigens ganz abgeklärt zu sagen: „Seife wird es immer.“ Das bedeutet, dass auch ohne gelingende Gelphase am Ende Seife der Lohn der Mühen ist. Vielleicht keine perfekte, manchmal bröckelige oder krümelige – aber immerhin Seife.

SEIFENLEIM (SL) / GESAMTFETTMENGE (GFM)

Das ist die Masse, die beim Verbinden von Fetten/Ölen und der Natronlauge entsteht. Sie ist homogen und ähnelt im idealen Anfangsstadium einer Vanillesauce. Viele beschreiben diese Phase als „Puddingstadium“, obwohl für mich persönlich die Konsistenz von Pudding dicker ist, was bei vielen Seifen eigentlich schon ein kleiner Schritt zu weit wäre. Oft wird die ideale Konsistenz des Seifenleims auch mit „die Seife zeichnet“ umschrieben. Das bedeutet, dass mit einem kurz in den Seifenleim getauchten und wieder herausgezogenen Spatel ein gut erkennbares Muster auf die Oberfläche getropft werden kann. Ich selbst teile diese verallgemeinernde Charakterisierung nicht ganz, denn es hängt sehr vom geplanten Seifenprojekt ab, welches Stadium der Seifenleim haben sollte. Gerade für Muster und Marmorierungen ist es hilfreich, wenn der Seifenleim zwar homogen verbunden, aber trotzdem noch sehr dünnflüssig ist.

Hier ist es durchaus möglich, mit der verwendeten Wassermenge zu „spielen“. Bei einem Rezept mit einem hohen Anteil an flüssigen Fetten kann man die Wassermenge bis auf 25 % reduzieren. Das macht den Seifenleim schneller fest und zudem ausformbar. Auch eine 1 : 1-Lauge (gleicher Anteil Wasser wie NaOH) ist denkbar, beispielsweise bei reinen Olivenseifen. Ebenfalls sehr nützlich ist die Verminderung des Wasseranteils bei der Verwendung von Titandioxid (zum Weißfärben der Seife). Es neigt nämlich dazu, im Zusammenspiel mit der heißeren Gelphase sogenannte „Glyceringräben“ zu ziehen, was dem weißen Teil der Seife eine Craquelé-Optik gibt. Dies kann sehr gut verhindert werden, wenn man die Wassermenge stark reduziert. Umgekehrt kann man die Wassermenge auch erhöhen, wenn der Anteil an festen Fetten in der Rezeptur sehr hoch ist oder man für das Seifenvorhaben über lange Zeit einen sehr dünnen Leim benötigt (z. B. beim Swirlen oder Marmorieren). Als Faustregel zur Berechnung für diese Art Seifen lege ich bis zu 38 % Wasser zugrunde.

KALT ARBEITEN & „BLITZBETON“

Dieser Hinweis bei Seifenrezepten soll dich daran erinnern, ganz besonders auf niedrige Temperaturen bei Lauge und Seifenleim zu achten – beide sollten kühler als handwarm sein. Vor allem dann, wenn aufheizende Zutaten wie beispielsweise Honig oder Seide zum Einsatz kommen. Beide erwärmen die Seife extrem (Seide noch mehr als Honig), sodass man hier auch nach dem Gießen versucht, die Gelphase zu umgehen. Dies kann zum Beispiel geschehen, indem man die Seife in den Kühlschrank oder im Winter bei kalten Außentemperaturen zum Abkühlen nach draußen stellt. Wird Lauge mit Milch angerührt, empfiehlt es sich, diese vorher in Eiswürfelformen einzufrieren und dann portioniert abzuwiegen. Das Gleiche gilt für Bier, da der Zuckeranteil im Bier die Lauge regelrecht aufschäumen lassen würde.

Ein weiterer Grund für eine niedrige Verarbeitungstemperatur kann „problematisches" Parfümöl sein. Leider gehören hierzu auch die meisten der so beliebten Rosendüfte. Hier hilft es ebenfalls, mit sehr kalter Lauge und Fetten zu arbeiten oder gleich ein Rezept zu wählen, bei dem ein hoher Anteil an flüssigen Ölen verwendet wird. Auch kann man das Parfümöl mit etwas Jojobaöl vermischen. Weil das Parfümöl direkt nach der Zugabe in den Seifenleim diesen noch im Topf zu einem harten Block erstarren lässt, sprechen Sieder hier von „Blitzbeton". Brauchbar ist die Seife trotzdem, nur kann man dann leider nicht mehr die vielleicht geplante Marmoriertechnik anwenden. Für diesen Fall gibt es allerdings die Lösung der Heißverseifung, auf die ich im Kapitel „Troubleshooting" näher eingehen werde.

MARMORIERUNGEN & SWIRLS

Unter diesen Begriffen wird die Vielzahl an Techniken zusammengefasst, Seifenleim zu teilen, einzufärben und auf verschiedene Arten miteinander zu verbinden. Das reicht von einfachen Topfmarmorierungen bis hin zu aufwendigeren Marmorierungen in großen Flächenformen oder eigens dafür gebauten Seifenformen mit verschiedenen Unterteilungen (Divider). Einige dieser Techniken stelle ich dir auf den Rezeptseiten vor.

REIFEZEIT & „KÜSSCHENTEST"

Mit dem Gießen der Seife in Formen hast du den ersten Schritt getan, der Verseifungsprozess ist aber selbst nach dem Ausformen noch nicht beendet. Die Umwandlung der Fettsäuren in Alkalisalze dauert ihre Zeit, weshalb die Seifen vor Gebrauch gut vier bis sechs Wochen lagern sollten. Nach Abschluss der Reifezeit hat die Seife den basischen Bereich erreicht und weist einen pH-Wert zwischen 9 und 10 auf. Ein Methode, die Seife zu prüfen, ist der sogenannte „Küsschentest": Berühre mit der Zunge die Seife. Sollte es auf der Zunge prickeln, ist der Verseifungsprozess noch nicht beendet – anderenfalls schmeckt es einfach nach Seife. Ich gebe zu: Das ist wohl eine eher weniger appetitliche Methode. Eine bessere Möglichkeit besteht darin, pH-Teststreifen zu benutzen. Auch diese sind in der Apotheke deines Vertrauens erhältlich – oder auch online beim gut sortierten Kosmetikrohstoff-Lieferanten.

ISOLIEREN & „SCHLAFEN LEGEN"

Schon an letzterem Begriff kannst du erkennen, wie liebevoll Sieder teilweise von ihren Seifenschätzchen reden. Eine Seife zu isolieren bedeutet, die Form abzudecken, mit Decken oder alten Handtüchern einzuwickeln oder aber in Styroporformen zu geben. Manche Sieder, die für ihre Seife eine Gelphase forcieren, legen noch zusätzlich Heizdecken unter die Formen, um die Temperatur stabil zu halten oder „schubsen" die Gelphase (z. B. bei Salz-/Soleseifen oder Seife in Einzelformen) im Ofen an. Aber wie vorher schon erwähnt, ist das nicht immer erwünscht. Es gibt durchaus Rezepturen, die Zutaten beinhalten, die die Seife zusätzlich aufheizen können. An dieser Stelle ist die Gelphase nachteilig, weil sich die Seife eben nicht mehr aufheizen soll.

SODAASCHE

Sie ist eine unschöne Begleiterscheinung bei manchen Verseifungen, aber lediglich ein rein optischer Mangel, der die Qualität der Seife nicht beeinträchtigt. Sodaasche zeigt sich als ein weißlicher, pulveriger Belag auf der Seife, der bei Kontakt mit Sauerstoff entsteht, bevor der Verseifungsprozess beendet ist. Oft sind auch Luftfeuchtigkeit und Sauerstoffgehalt im Raum eine Ursache. Man kann Sodaasche bedingt vermeiden, indem man die Seife gut abdeckt und/oder vorher noch mit reinem Alkohol (95 %) besprüht. Mit beiden Methoden in Kombination habe ich gute Erfahrungen gemacht. Solltest du doch einmal Sodaasche auf deiner Seife haben, kannst du diese heiß abwaschen, abdampfen oder mit einem Sparschäler oder Hobel einfach abhobeln.

AUFHÜBSCHEN

Ebenfalls einer der liebevollen Begriffe, die Sieder während der Herstellung ihrer Seife benutzen. Darunter versteht man die Nachbehandlung der fertig ausgeformten Seife: das Zurechtschneiden der vielleicht in Blöcke gegossenen Seife und das anschließende Glätten der Kanten mit einem Sparschäler, Hobel oder einem Messer. Welche Methode deine bevorzugte wird, wirst du schnell selbst herausfinden. Auch denkbar ist das Stempeln der fertigen Seifen. Hierzu einen Acrylstempel mit etwas Mica (Glitzerpigment) bepinseln und mit leichtem Druck in die Seifenoberfläche drücken.

ARBEITSUTENSILIEN FÜR DAS SEIFENSIEDEN

Vorab noch einmal der wichtige Hinweis, dass alle Utensilien, die du für deine Seife eventuell schon zu Hause hast und benutzen möchtest, ab der ersten Verwendung fürs „Seifeln" nicht mehr für das Aufbewahren und Zubereiten von Lebensmitteln eingesetzt werden können.

SEIFENTOPF

Natürlich kommt es auf die Menge Seife an, die du sieden möchtest. Auf jeden Fall sollte aber dein Seifentopf möglichst hoch sein und mindestens ein Fassungsvermögen von 3 oder mehr Litern haben. Bitte achte darauf, dass der Topf aus Edelstahl oder Emaille besteht. Aluminium ist zum Seifensieden nicht geeignet.

SCHÜRZE ODER ARBEITSKITTEL

Wie im Abschnitt „Sicherheit" (S. 15) zu lesen, solltest du am besten langärmelige Kleidung tragen. Das kann ein altes Sweatshirt in Kombination mit einer Schürze sein oder auch ein eigens für dein Seifenhobby reservierter Arbeitskittel. Solche Kittel findest du beispielsweise im Baumarkt oder auch im Berufsbekleidungsbedarf.

SCHUTZBRILLE

Eine Schutzbrille ist fürs Seifensieden unverzichtbar – und in jedem gutsortierten Baumarkt erhältlich. Bitte achte darauf, dass die Brille auf der Verpackung eigens als „Spritzschutz-geeignet" ausgewiesen ist (dies ist meist gekennzeichnet durch einen Tropfen). Auch für Brillenträger gibt es geeignete Schutzbrillen, die über der eigentlichen Sehbrille getragen werden können.

GUMMIHANDSCHUHE

Hier genügen die handelsüblichen, meist im Drogeriemarkt erhältlichen Handschuhe. Sie sollten lange Stulpen haben und für das Hantieren mit Chemikalien geeignet sein. Ich persönlich wechsle im letzten Stadium, also beim Gießen und Marmorieren der Seife, zu Latexhandschuhen, die ich auch ein Stück über die langen Ärmel meiner Kleidung ziehe. So hat man mehr Gefühl in den Fingern. Auch beim Herauslösen deiner Seife aus der Form solltest du immer Latexhandschuhe tragen.

DIGITALWAAGE

Zum Abmessen der einzelnen Rezeptbestandteile und vor allem des NaOH sollte deine Waage unbedingt eine grammgenaue Einteilung haben.

MESSBECHER

Am besten geeignet zum Seifensieden sind Küchenmessbecher mit einem Fassungsvermögen von 1 Liter und vor allem mit einem Griff, der das Hantieren damit sicherer macht. Du darfst dir gern gleich drei oder vier Messbecher anschaffen. Sie sind später nämlich sehr praktisch, wenn du deinen Seifenleim unterteilst und unterschiedlich einfärben möchtest.

PLASTIKBECHER

Zum Abwiegen des NaOH, für das Anrühren von Pigmenten oder das genaue Portionieren der Parfüm- und sonstigen ätherischen Öle kannst du sehr gut ausgespülte Joghurt-, Hüttenkäse- oder Margarinebecher bzw. Einwegplastikbecher benutzen.

KOCHLÖFFEL, TEIGSCHABER UND SCHNEEBESEN

Zum Anrühren deiner Lauge, zum Verquirlen deines Seifenleims oder zum späteren Ausschaben des Seifenleims aus dem Topf oder Messbecher brauchst du diese Küchenhelfer. Am besten geeignet sind die aus Plastik und Silikon. Wenn du sie aus deinem Küchenbestand nimmst, schreibe sie ab jetzt fest deinem Seifelzubehör zu und verwende sie nicht mehr für die Zubereitung von Lebensmitteln!

PLASTIKLÖFFEL, SCHASCHLIKSPIEßE, ESSSTÄBCHEN UND DRAHT

Sie sind ebenfalls unerlässliche kleine Helfer beim Anrühren von Pigmenten, Farben oder beim Marmorieren und Swirlen. Manche Sieder gönnen sich auch den Luxus von eigens fürs Seifeln angeschafften Milchaufschäumern. Damit lassen sich Pigmente im Becher hervorragend vermischen. Auch in Form gebogener ummantelter Draht eignet sich sehr gut zur Musterung der Oberfläche bereits etwas fest gewordener Seife.

STABMIXER

Er hilft dabei, die Lauge und die Fette möglichst rasch zu einer homogenen Masse werden zu lassen. Ich nutze übrigens das günstigste Modell mit möglichst geringer Leistung. Meiner Erfahrung nach rühren zu leistungsstarke Geräte nämlich zu viele Luftblasen in den Leim.

PLASTIKSIEB

Durch ein engmaschiges Sieb kannst du die angerührte Lauge in die geschmolzenen Fette geben, eventuell nicht aufgelöste NaOH-Teilchen bleiben im Sieb zurück.

THERMOMETER

Für den Anfang ist es hilfreich, die erforderliche „handwarme" Temperatur von Lauge und Fetten nachzumessen. Ich persönlich bevorzuge hierfür sogenannte Infrarot-Thermometer. Mit ihnen ist das Temperaturmessen ohne Berührung der Flüssigkeit möglich, wodurch sich eine Reinigung erübrigt. Es gibt Infrarot-Thermometer schon für ca. 20 Euro in gut sortierten Bau- oder Elektrofachmärkten. Ebenfalls brauchbar hierfür sind Pralinen- oder Laborthermometer.

SEIFENFORMEN

Hier darfst du dich so richtig austoben. Erlaubt ist, was gefällt. Für die ersten Versuche eignen sich ausrangierte eckige Plastikschalen (z. B. ausgediente Eisbehälter) oder auch leere Milchkartons und Chipsdosen. Sie werden vorher mit Folie ausgelegt, damit sich die Seife später problemlos ausformen lässt bzw. die Rohseife nicht mit dem Metallbelag in Berührung kommt. Ebenfalls geeignet sind Silikonformen in jeglicher Variante, die du dir aber wie alle anderen mit dem Seifenprozess in Berührung kommenden Utensilien allein fürs Seifeln anschaffen oder bereitlegen solltest. Einen schönen und einfachen Effekt erzielt man auch mit Silikonmatten, wie sie zur Musterung von Fondant genutzt werden. Die Matten legst du mit dem Muster nach oben in eine flache Form und gießt deinen Seifenleim darauf. Bei Kosmetikrohstoff-Händlern gibt es auch sogenannte Blockformen aus Holz, Plastik oder Silikon. Die Holzformen isolieren sehr gut und halten die Wärme stabil. Allerdings sollten sie mit Folie, Back- oder sogenanntem Freezer-Papier ausgelegt werden. Ebenfalls im Internet erhältlich sind Dividor-Formen, also flache Formen, die besonders gut geeignet für großflächige Swirl- und Marmoriertechniken sind. Sie haben Trennstege, die man im Anschluss an das Einbringen der Seife in die Form einsetzt. Ist die Seife fertig zum Ausformen, entfernt man die Trennstege (Divider) und erhält ohne Schneiden gleich große rechteckige oder quadratische Seifenstücke. Sollte dich das Hobby so begeistern wie die meisten, die damit einmal angefangen haben, wirst du keinen Supermarkt mehr betreten können, ohne in jedem Schokohasentray oder Puddingbecher eine potenzielle Seifenform zu sehen.

APPLIKATORFLASCHEN

Sie sind für den Anfang kein Muss, aber der Vollständigkeit halber möchte ich sie erwähnen. Sie sind von klein (ca. 200 ml) bis hin zu Liter-Größen erhältlich. Für besondere Seifentechniken ein tolles Accessoire! Außerdem kann der Seifenleim darin prima mit der Farbe und dem Duft vermischt werden.

KÜCHENROLLEN, BACKPAPIER UND FOLIE

Backpapier und Folie brauchst du zum Auslegen deiner Formen (außer Silikonformen), Folie zudem auch zum Abdecken der Seife, um gerade bei Einzelformen Sodaasche zu vermeiden. Eine noch effektivere Variante zum Auslegen von Formen ist übrigens sogenanntes Freezer-Papier. Es ist form- und knickbar und hält somit sehr gut in allen eckigen Formen. Außerdem löst sich die Seife absolut glatt davon ab. Leider ist es in Deutschland nicht so einfach im Einzelhandel erhältlich, aber online bestellbar. Küchenpapier von der Rolle sollte einfach immer bereitliegen. Du brauchst es zum Säubern oder vielleicht auch zum Abdecken deiner Arbeitsfläche.

KARTONS UND OBSTKISTEN

Du brauchst nach dem Sieden natürlich eine Möglichkeit, deine Seife während der Reifezeit zu lagern. Gut geeignet dafür sind beispielweise Obstkisten (aus Holz oder Plastik), die du in deinem Obst- und Gemüseladen sicher günstig bekommst. Ebenfalls brauchbar sind Schuhkartons oder ähnlich große Behältnisse. Lege sie mit etwas Küchenpapier aus, danach kannst du darin deine frisch hergestellten Schätzchen an einem trockenen Ort aufbewahren. Obstkisten haben zudem den Vorteil, dass sie stapelbar sind, falls dich das Seifenfieber packt.

SICHERHEIT AN ERSTER STELLE

Bei allen schönen Aspekten dieses mitunter süchtig machenden Hobbys darf man zu keiner Zeit vergessen, dass man mit einer scharfen, ätzenden Lauge (in der Regel aus Natriumhydroxid und Wasser) arbeitet.

- Beim Umgang mit Lauge sollte man immer eine Schutzbrille und Handschuhe tragen. Auch langärmelige Kleidung ist auf jeden Fall vorteilhaft, um die Arme vor Laugenspritzern zu schützen.

- Bitte stelle auch grundsätzlich sicher, dass du während des Seifenherstellungsprozesses in deiner Umgebung (meistens in der hauseigenen Küche) frei von jeglicher Ablenkung durch Haustiere, Kinder oder andere Familienmitglieder oder Umwelteinflüsse bist.

- Immer das Natriumhydroxid in das bereitstehende Wasser geben – NIEMALS umgekehrt! Das würde nämlich heftige chemische Reaktionen auslösen (Sprudeln bis hin zu einem „Vulkanausbruch"). Außerdem solltest du dafür sorgen, dass der Arbeitsraum sehr gut belüftet ist. Viele Sieder rühren ihre Lauge unter einer auf höchste Stufe gestellten Dunstabzugshaube an. Aber obwohl der Umgang mit Lauge nicht ungefährlich ist, wäre Panik nicht angebracht: einfach alle Arbeitsschritte in Ruhe, mit Bedacht und stets konzentriert auf Sicherheit ausführen.

- Alle Utensilien wie Geschirr, Behälter, Töpfe, Spatel, Formen etc., die du für das Herstellen von Seife verwendest, sollten ab diesem Zeitpunkt nicht mehr zum Kochen, Lagern oder Bevorraten von Lebensmitteln benutzt werden. Im Übrigen sei an dieser Stelle gesagt, dass jegliches Werkzeug aus Aluminium für die Seifenherstellung absolut ungeeignet ist. Mit Edelstahl, Silikon und anderen Kunststoffen hingegen liegst du immer goldrichtig.

- Verrühre das NaOH gründlich im Wasser und lasse die Lauge dann gut abkühlen. Bei der späteren Verwendung bist du auf der sicheren Seite, wenn du die Lauge durch ein engmaschiges Plastiksieb in die geschmolzenen Fette gibst.

- Bevor du die Lauge und die Fette mischst, sollten alle Bestandteile etwa auf 35–40 °C temperiert bzw. handwarm sein.

- Nach dem Sieden bitte immer die Arbeitsfläche gründlich reinigen. Auch einzelne NaOH-Kristalle können ätzen! Eine Möglichkeit ist auch, die Arbeitsfläche vor Beginn der Produktion mit Zeitung oder einer Wachstuch-Tischdecke abzudecken.

SEIFE SIEDEN

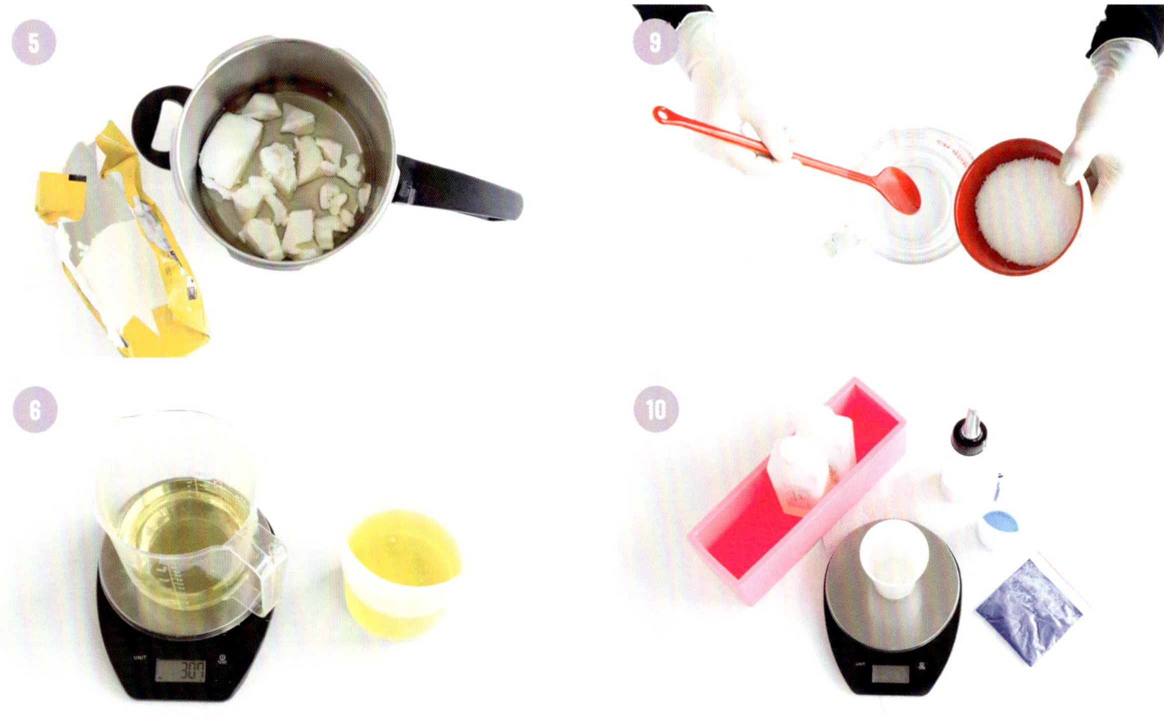

1. Bereite zunächst deine Arbeitsfläche vor: Schaffe genügend Platz zum Hantieren und decke deine Arbeitsfläche bei Bedarf mit Zeitung, Küchenpapier oder Wachstuch ab, um eventuelle Schäden oder Verschmutzungen durch Lauge oder Rohseife zu vermeiden.

2. Stelle alle im Rezept aufgelisteten Zutaten bereit.

3. Richte alle notwendigen Arbeitsutensilien her. Bereite deine Seifenform(en) vor und lege sie – soweit notwendig – mit Folie oder Backpapier aus.

4. Miss die im Rezept angegebene Menge an Flüssigkeit ab (meistens destilliertes Wasser, manchmal aber auch Tee oder Bier). An diesem Punkt kannst du die Flüssigkeit auch noch zusätzlich kühlen, indem du sie in den Kühlschrank stellst. **Tipp:** Denkbar sind bei Wasser auch Eiswürfel, entsprechend der erforderlichen Menge abgewogen.

5. Wiege alle festen Fette ab und schmelze sie bei niedriger Temperatur im Topf, bis sie vollständig flüssig sind.

6. In der Zwischenzeit kannst du die flüssigen Öle ebenfalls abwiegen und bereitstellen. Achte bitte immer darauf, in Gramm abzuwiegen, nicht in Millilitern – siehe auch „Rezeptberechnung“ – und ändere nie die Maßeinheit. Sind alle festen Fette geschmolzen, nimm den Topf vom Herd und gib nun auch die flüssigen Öle in den Topf. Anschließend beiseitestellen und abkühlen lassen.

7. Deine Arbeitskleidung trägst du ja bereits, jetzt noch die Schutzbrille aufsetzen und die Handschuhe anziehen.

8. Nun das NaOH in einem eigenen, laugenbeständigen Gefäß (z. B. Plastikmessbecher) abmessen.

9. Nimm den Messbecher mit deiner abgewogenen Flüssigkeit und lasse das NaOH unter langsamem, aber beständigem Rühren behutsam einrieseln. Achte bitte darauf, dass du das NaOH so lange verrührst, bis es vollständig aufgelöst ist. Achte bitte bei diesem Arbeits-

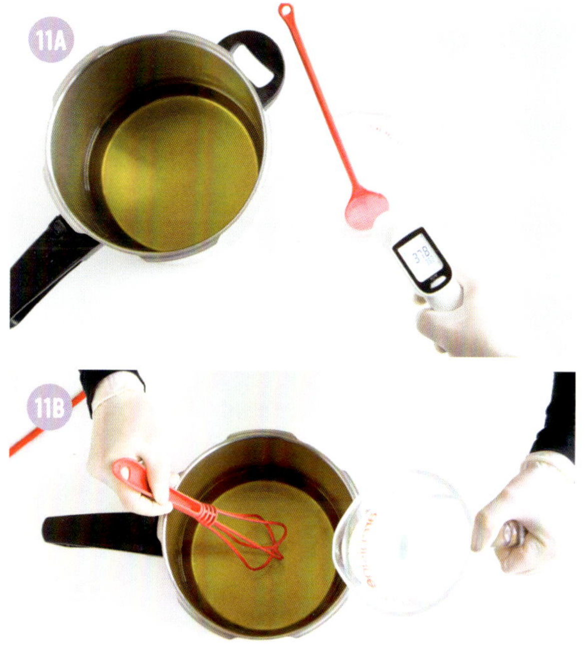

schritt auf ausreichende Belüftung. Beim Zugeben des NaOH entstehen Dämpfe, die deine Atemwege reizen können. **Tipp:** An dieser Stelle lasse ich den Messbecher mit der heißen Lauge immer gleich in der Spüle stehen und fülle Wasser in das Spülbecken. Es hilft dabei, den Abkühlprozess etwas zu beschleunigen.

10. Während Lauge und Fette abkühlen, kannst du deine Farben und Düfte vorbereiten. Bei der Verwendung von Pigmenten werden diese jetzt abgemessen und mit Wasser angemischt. Flüssige Seifenfarben kannst du später direkt in den Seifenleim geben. Den gewünschten Duftstoff wiegst du ebenfalls entsprechend dem Rezept ab.

11. Wenn Lauge und Fette auf ca. 35–40 °C abgekühlt sind (Abb. 11a), Lauge zur Fett- bzw. Ölmischung geben und alles langsam mit einem Schneebesen verrühren (Abb. 11b). Anschließend mit dem Stabmixer zu einer homogenen Masse verquirlen.

12. Nun Farbe und Duft hinzugeben und nochmals mit dem Stabmixer durcharbeiten, bis die Seife „zeichnet".

13. Seifenleim in die vorbereitete Form gießen.

14. Die Oberfläche bei einer Blockform lässt sich sehr schön und einfach verzieren, indem man mit einem Plastiklöffel eine Wellenstruktur eindreht (optional).

15. Den Seifenleim mit Alkohol (95 %) besprühen, um Sodaasche zu vermeiden, mit Folie abdecken und mit alten Handtüchern oder Decken isolieren.

DÜFTE, FARBEN UND ZUSÄTZE

DÜFTE

Als Düfte kannst du entweder ätherische Öle (ÄÖ) oder naturidentische/synthetische Parfümöle (PÖ) verwenden. An dieser Stelle möchte ich unbedingt einmal mit dem landläufigen Vorurteil aufräumen, ätherische Öle seien frei von Allergenen und daher die bessere Wahl. Allergene können in beiden Arten – ätherischen wie synthetischen Parfümölen – gleichermaßen vorkommen. Die Verwendung des einen oder anderen Öls sollte eher eine Entscheidung nach persönlichem Gusto sein.

Ätherische Öle: Ein wichtiger Vorteil von ätherischen Ölen ist auf jeden Fall ihre aromatherapeutische Wirkung, die sie ihrer jeweiligen Stammpflanze oder dem Pflanzenteil, aus dem sie gewonnen wurden, zu verdanken haben. Ein weiterer Vorteil ist, dass bis auf wenige Ausnahmen (Cassis-, Nelken- oder Zimtöl – übrigens Öle, auf deren Inhaltsstoffe viele Menschen sehr allergisch reagieren!) ihre Verarbeitung in Seife unproblematisch ist. Leider neigen viele synthetische Düfte (vor allem Blüten- und Fruchtdüfte) dazu, entweder den Seifenleim sehr schnell andicken zu lassen oder aber ihn zu verfärben (von Beige bis hin zu Dunkelbraun). Die Verfärbungen haben oft ihren Ursprung in einem sehr hohen Anteil an Vanille. Gute Kosmetikrohstoff-Händler nennen diese Eigenschaften in ihren Onlineshops. So kann man gegebenenfalls verhindern, dass man beim Verarbeiten böse Überraschungen erlebt.

Synthethische Parfümöle: Wer allerdings gerne Erdbeer- oder Bananenduft mag, muss auf synthetisch hergestellte Parfümöle zurückgreifen. Diese Duftrichtungen lassen sich in der Natur eben nicht als ätherische Öle herstellen. Bitte verwende keine Duftöle, die es beispielsweise in der Kerzenabteilung gibt. Sie sind meist mit Alkohol, Emulgatoren und Propylenglykol versetzt und daher für Kosmetika völlig ungeeignet.

Dosierung der Öle: Man berechnet die Dosierung der Öle immer mit ca. 30–40 g auf 1 kg Seife. Von den Zitrusdüften eignen sich leider nur sehr wenige wirklich für die Verarbeitung in Seife. Und auch wenn beispielsweise Blutorange, Bergamotte oder Grapefruit in der Flasche stark riechen, so ist ihr Duft leider flüchtig und in Seife nicht stabil. Ausnahmen bilden ätherisches Lemongrass-, Limetten- oder Litsea-Cubeba-Öl. Alle drei gehören glücklicherweise zu den günstigeren ätherischen Ölen. Ätherische Öle hingegen, die nur sehr aufwendig gewonnen werden können, haben leider auch ihren Preis. Für echtes Rosen- oder Jasminöl (auch Rose / Jasmin Absolue genannt) sind Unmengen von Blüten notwendig, sodass schon der Preis für 1 ml bei ca. 13–15 Euro liegt. Für die Verarbeitung in Seife sind so kostbare Zutaten also eher nicht geeignet. Auf einen Rosenduft musst du trotzdem nicht verzichten. Ätherisches Geraniumöl ersetzt sehr gut den Rosenduft, gerne auch in Kombination mit Rosenholz. Für eine Seife ist das ganz hervorragend und vergleichsweise erschwinglich. Eine gute Alternative bilden sogenannte naturidentische Öle. Sie sind in ihrer chemischen Zusammensetzung mit denen der jeweiligen Pflanze identisch. Allerdings haben sie nicht die aromatherapeutischen Inhaltsstoffe wie ihre naturreinen Pendants. Aber sie ermöglichen es beispielsweise, eine Neroliseife herzustellen – einen Duft, den du vielleicht bereits von Kölnisch Wasser kennst.

FARBEN UND ZUSÄTZE

Auch hier hast du eine breite Palette zur Auswahl. Verwendbar sind **natürliche Stoffe** wie Kaffee, Kakao, Zimt, Paprika, Henna, Aktivkohle, Indigo oder aber auch Kurkuma. Leider sind viele Farben (z. B. Karottensaft) nicht lichtecht und verblassen mit der Zeit. Du erreichst damit aber eine sehr natürliche Farbgebung.

Farbpigmente und Micas in kosmetischer Reinheit: Diese sind bei guten Kosmetikrohstoff-Händlern erhältlich. Der Vorteil dieser Pigmente ist, dass du nur winzige Mengen davon benötigst (ca. 1 Msp. auf 1 kg Seife). So reichen dir schon kleinste erworbene Mengen für viele Seifen, das Haltbarkeitsdatum von Pigmenten ist zudem quasi unbegrenzt. Aufhellen kannst du deine Seifen mit Titandioxid – schon eine kleine Menge davon lässt deine Seife sehr hell werden. Hier genügt ebenfalls 1 TL auf ca. 1 kg Seife.

Tonerde: Ganz wunderbar zum Färben eignen sich auch Tonerden. Es gibt sie in verschiedenen Farben: rot, rosé, gelb, grün, weiß und schwarz (grau). Neben dem Farbeffekt verleihen sie der Seife eine unvergleichliche Haptik – ich persönlich verwende sie sehr gern in Gesichtsseifen. Man nimmt ca. 8–10 TL auf 1 kg Seife. Du kannst die Tonerde vorher mit etwas Öl zu einem homogenen Brei anrühren und diesen anschließend dem Seifenleim beigeben.

Kräuter: Es ist auch möglich, frische oder getrocknete Kräuter in deiner Seife zu verarbeiten. Bitte gib frische Kräuter aber immer in klein gehackter Form bei, damit größere Stücke deine Seife nicht schimmeln lassen. Leider verfärben sich die meisten Kräuter in der Seife braun. Ebenso verhält es sich mit der Mehrzahl der Blüten (Rosen oder Lavendel, auch in getrockneter Form) – Ausnahme bilden dabei getrocknete Ringelblumenblüten. Sie strahlen auch nach der Verseifung noch goldgelb.

Peelingzusatz: Als Peelingzusatz eignen sich z. B. Mohn, Tapiokaperlen (Maniokstärke), Kaffee oder aber auch gemahlene Haferflocken. Bei den beiden Letzteren solltest du eine Menge von 3–4 TL auf 1 kg Seife nicht überschreiten. Salz kann sowohl in den Seifenleim gegeben werden (Salzseife) oder aber auch vorher im Wasser für die Lauge aufgelöst werden (Soleseife). Gelöstes Salz in Wasser nennt man Sole – auf 1 kg Wasser kann man übrigens höchstens ca. 250 g Salz vollständig auflösen. Bei dieser Konzentration spricht man dann von gesättigter Sole. Da sowohl Sole- als auch Salzseifen nach dem Aushärten nur schwer zu schneiden sind bzw. beim Schneiden bröckeln, gießt man sie üblicherweise in Einzelformen. Verwendet man einen Tray, also eine flache eckige Form, unterstützt man (wie auch bei den Einzelformen) die Gelphase im Ofen bei ca. 50 °C. Wenn die Seife nach ca. 1 Stunde aus dem Ofen kommt und noch warm ist, kann man sie in diesem Zustand direkt in Stücke schneiden. Nach dem Erkalten ist Schneiden nicht mehr so gut möglich. Nicht geeignet für Sole- oder Salzseife ist im übrigen Salz aus dem Toten Meer: Dieses Salz lässt die Seife aufgrund seiner hygroskopischen Eigenschaften weich und matschig werden.

Seidenfasern: Wer möchte, kann Seife auch mit Seidenfasern veredeln. Sie machen die Seife noch luxuriöser, und die Seidenproteine legen sich wie ein schützender Film auf die Haut. Du kannst dazu die Fasern einfach in der noch heißen Lauge auflösen – geeignet sind hierfür auch Stofffetzen eines ausrangierten Kleidungsstückes. Wie schon erwähnt, heizt Seide die Seife jedoch sehr auf, weshalb du auch in diesem Fall auf das Isolieren der Seife verzichten kannst.

TIPP

Wenn du keine Blockform zur Hand hast, kannst du auch einen leeren Milchkarton verwenden. Schneide einfach eine Längsseite mit der Schere heraus und lege die so entstandene „Form“ mit Folie aus.

Soap on a rope (Grundrezept)

Ein einfaches Rezept, beliebig zu färben und zu beduften. Es enthält in sehr ausgewogener Form pflegende und schaumgebende Fette und Öle.

ZUTATEN

- 250 g Kokosfett (25 %)
- 250 g Palmöl (25 %)
- 250 g Rapsöl (25 %)
- 250 g Olivenöl (25 %)
- 137,97 g NaOH (7 % Überfettung)
- 335 g destilliertes Wasser
- Farbe und 30 g PÖ/ÄÖ nach Belieben
- Alkohol (95 %) zum Besprühen
- Silikon-Eiswürfelformen oder Blockform
- 1 Essstäbchen zum Löcherstechen
- Perlen, nach Belieben
- Packband

1. Kokosfett und Palmöl (oder Frittierstange) sanft schmelzen, Raps- und Olivenöl hinzufügen und die Mischung dann auf ca. 35–40 °C abkühlen lassen.

2. Aus NaOH und destilliertem Wasser unter Berücksichtigung der Sicherheitsregeln die Lauge herstellen. Die abgekühlte Lauge zum Öl gießen und die Mischung dann mithilfe des Stabmixers zum Andicken bringen.

3. Den Duft und Farbe hinzugeben und nochmals verrühren. Der Seifenleim kann auch in mehrere Messbecher aufgeteilt und dann unterschiedlich gefärbt und beduftet werden.

4. Den Seifenleim auf die Silikonformen aufteilen oder aber in eine Blockform gießen, mit Alkohol (95 %) besprühen, mit Folie abdecken und isolieren.

5. Wenn du eine Blockform verwendet hast, kannst du den Seifenblock nach dem Herausnehmen aus der Form in Würfel schneiden.

6. Mit einem Essstäbchen Löcher in die Würfel stechen und danach im Wechsel Seife und Perlen auf grobes Packband auffädeln.

VARIANTE

Man kann statt Palmöl auch eine Frittierstange nehmen. Da es sich hier um ein Fettgemisch (meist aus Raps- und Palmöl) handelt, im Seifenrechner die Gramm-Menge unter „Macadamianussöl“ eingeben.

GUT ZU WISSEN

Dieses Grundrezept ist auch als 25er-Rezept bekannt, nach Claudia Kasper (www.naturseife.com).

Konfettiseife

Eine farbenfrohe Seife – beliebt bei Kindern und zudem eine prima Möglichkeit, Seifenreste einer schönen Verwendung zukommen zu lassen.

ZUTATEN

- ca. 200 g bunte Seifenraspeln
- 400 g Kokosfett (40 %)
- 200 g Sonnenblumenmargarine (20 %)
- 200 g Rapsöl (20 %)
- 200 g Distelöl (20 %)
- 145 g NaOH (6 % Überfettung)
- 335 g destilliertes Wasser
- 30 g ÄÖ Fenchel oder Anis
- Alkohol (95 %) zum Besprühen
- z. B. Minikuchenbackform oder Blockform

1. Bunte Seifenreste grob raspeln oder in ganz kleine Stücke schneiden.

2. Kokosfett und Margarine sanft schmelzen, Raps- und Distelöl hinzufügen und die Mischung auf ca. 35–40 °C abkühlen lassen.

3. Aus NaOH und destilliertem Wasser unter Berücksichtigung der Sicherheitsregeln die Lauge herstellen. Die abgekühlte Lauge zum Öl gießen und die Mischung mithilfe des Stabmixers zum Andicken bringen.

4. Nun den Duft hinzugeben und nochmals verrühren.

5. Anschließend die Seifenraspeln in den Leim geben und mit einem Rührlöffel verrühren (Vorsicht: nicht mehr mit dem Stabmixer!).

6. Jetzt kann die Seife in die vorbereiteten Formen oder in eine Blockform gegossen werden.

7. Mit Alkohol (95 %) einsprühen, mit Folie abdecken und isolieren.

TIPP

In der Wahl der Form bist du frei und kannst nach Lust und Laune entscheiden, was dir gefällt. Ich habe für die Konfettiseife auf dem Bild Minikuchenbackformen mit Tiermotiven verwendet. Ähnliche findet man z. B. in Drogeriemärkten … mach dich auf die Pirsch!

VARIANTE

Auch mit der Mixtur der Olivenöl-Gesichtsseife (siehe S. 25) lässt sich Konfettiseife herstellen!

Olivenölseife

Diese Seife mit Tonerde ist eine gute Gesichtsseife. Der Seifenleim bleibt lange dünnflüssig und ist daher auch sehr zum Swirlen geeignet.

ZUTATEN

- 200 g Kokosfett (20 %)
- 800 g raffiniertes, helles Olivenöl (80 %)
- 137 g NaOH (5 % Überfettung)
- 300 g destilliertes Wasser
- optional 1–2 TL Tonerde (rosé, grün oder weiß) oder Aktivkohle
- 30 g ÄÖ Lavendel
- Alkohol (95 %) zum Besprühen
- z. B. Tray aus 12 quadratischen Silikon-Einzelformen

1. Kokosfett sanft schmelzen, Olivenöl hinzufügen und die Mischung auf ca. 35–40 °C abkühlen lassen.

2. Aus NaOH und destilliertem Wasser unter Berücksichtigung der Sicherheitsregeln die Lauge herstellen. Die abgekühlte Lauge zum Öl gießen und die Mischung dann mithilfe des Stabmixers zum Andicken bringen.

3. Nach Wunsch die Tonerde (je nach Zugabe erhält die Seife später unterschiedliche Farben, z. B. rosé, wie auf dem Buchcover zu sehen ist) oder die Aktivkohle sowie das ätherische Öl hinzufügen und alles erneut zu einer homogenen Masse verrühren.

4. Nun kann die Seife in die vorbereitete Form gegossen werden. Hier habe ich einen Tray aus zwölf quadratischen Silikon-Einzelformen verwendet. Meinen habe ich in den USA bei „Bramble Berry" gekauft.

5. Mit Alkohol (95 %) einsprühen, mit Folie abdecken und isolieren – die Seife benötigt eine Reifezeit von 10–12 Wochen, gerne auch länger.

VARIANTE

Du kannst auch eine Seife mit 100 % Olivenöl herstellen (Olivenöl wird beim Verseifen als festes Fett gerechnet, obwohl es flüssig ist). Da diese Seife bei einem normalen Wasseranteil von 33 % sehr weich werden würde, musst du den Wasseranteil auf die gleiche Menge wie das NaOH reduzieren.

Rezept: 1000 g Olivenöl, 125 g NaOH (7 % ÜF) und 125 g Wasser. Mit Alkohol (95 %) besprühen, abdecken und gut isolieren. Die Reifezeit beträgt hier auch mindestens 10–12 Wochen.

PERFEKTE PFLEGE FÜR DEINE HAUT!

Salzseife

Diese Seife kommt als blauer, würzig duftender Traum mit Himalaya-Salz daher.

ZUTATEN

- 250 g Kokosfett (25 %)
- 300 g Mandelöl (30 %)
- 250 g Olivenöl (25 %)
- 100 g Rizinusöl (10 %)
- 100 g Jojobaöl (10 %)
- 125,8 g NaOH (10 % Überfettung)
- 350 g destilliertes Wasser
- 15 g ÄÖ Rosmarin
- 15 g ÄÖ Litsea Cubeba
- 1–2 g Grünblau (Türkis) als Pulverpigment (Behawe)
- 350 g Salz
- kleine (Silikon)Formen
- Himalaya-Salz, nach Belieben

1. Kokosfett sanft schmelzen, flüssige Öle hinzufügen und die Mischung auf ca. 40 °C abkühlen lassen.
2. Aus NaOH und destilliertem Wasser unter Berücksichtigung der Sicherheitsregeln die Lauge herstellen. Die abgekühlte Lauge zum Öl gießen und die Mischung mithilfe des Stabmixers zum Andicken bringen.
3. Nach Andicken der Seifenmasse ätherisches Öl und Farbe zugeben und mit dem Stabmixer verrühren.
4. Anschließend das Salz beifügen und mit dem Rührlöffel einrühren.
5. In kleine Silikonformen füllen und nach Belieben noch mit Himalaya-Salz toppen.
6. Gut isolieren oder aber für ca. 1 Stunde bei 50 °C in den Backofen stellen, um die Gelphase anzuschieben.

TIPP

Ich empfehle Einzelformen, weil sich Sole- und Salzseifen schlecht schneiden lassen. Nach einem Tag Ruhezeit kann die Seife aus der Form genommen werden.

TIPP

Als Form empfehle ich einen Dividor oder eine andere Tray-ähnliche Form, beispielsweise eine quadratische oder rechteckige Browniefom. Wer sich nicht extra eine Form zulegen will, kann auch einen mit Folie ausgelegten Schuhkarton verwenden.

Kaffeeseife

Der perfekte Geruchsneutralisator bei Zwiebelgeruch an den Händen, aber auch als Körperseife mit angenehmem Peelingeffekt bestens geeignet.

ZUTATEN

- 200 g Kokosöl (20 %)
- 400 g Olivenöl (40 %)
- 200 g Rapsöl (20 %)
- 200 g Mandelöl (20 %)
- 135 g NaOH (7 % Überfettung)
- 340 g destilliertes Wasser
- 5 g Titandioxid
- PÖ Vanilla Bean (Mac Soapy oder Gracefruit)
- ca. 5 EL Kaffeesatz
- flache Form, z. B. quadratische oder rechteckige Browniefrom
- 1 Schaschlik- oder Essstäbchen

SEIFE, KAFFEEBOHNEN UND BÜRSTE: PERFEKTES GESCHENKSET!

1. Kokosöl sanft schmelzen, flüssige Öle hinzufügen und die Mischung auf ca. 35–40 °C abkühlen lassen.

2. Aus NaOH und destilliertem Wasser unter Berücksichtigung der Sicherheitsregeln die Lauge herstellen. Die abgekühlte Lauge zum Öl gießen und die Mischung dann mithilfe des Stabmixers zum Andicken bringen.

3. Einen kleinen Teil des Seifenleims mit Titandioxid aufhellen und anschließend beiseitestellen.

4. In den verbleibenden größeren Anteil Seifenleim das Parfümöl geben und nochmals mit dem Stabmixer kurz gleichmäßig unterrühren.

5. Dann den Kaffeesatz hinzugeben und nur mit einem Rührlöffel oder Spatel in den Seifenleim einrühren. Anschließend den braunen Seifenleim in eine flache Form füllen.

6. Nun den aufgehellten kleineren Teil Seifenleim in gleichmäßigen Linien der Länge nach auf den braunen Seifenleim gießen. Dies geht besonders sauber, wenn man den aufgehellten Leim in eine Applikatorflasche oder in einen Messbecher mit besonders kleinem Ausgießer füllt.

7. Ein Essstäbchen oder einen Schaschlikspieß in der oberen linken Ecke der Form in den Seifenleim eintauchen und von oben nach unten durch die Linien ziehen. Man kann das Stäbchen auch diagonal von der oberen linken Ecke bis hin zur unteren rechten Ecke führen, das Ergebnis ist eine sehr schöne und saubere Marmorierung.

TIPP

Die 340 g Wasser können auch durch die gleiche Menge frisch gebrühten Kaffee ersetzt werden. Bitte vorher unbedingt abkühlen lassen! Die mit Kaffee angerührte Lauge riecht – wie auch die Seife – in den ersten Tagen sehr eigenwillig. Aber nach einiger Zeit verschwindet dieser sonderbare Duft und das hinzugesetzte Parfüm- oder ätherische Öl gewinnt die Oberhand.

TIPP

Sollte der Naturschwamm mit der Zeit porös oder hart werden, kannst du ihn mit Salzwasser wieder auffrischen. Dazu 1 Liter Wasser mit ca. 200 g Salz vermischen und den Schwamm darin 24 Stunden so einlegen, dass er vollständig bedeckt ist.

Life is better at the beach

Eine pflegende, feine Seife, die den Schwamm gleich mitbringt. Er ist mehrmals verwendbar und kann immer wieder neu eingegossen werden.

ZUTATEN

- 350 g Sheabutter (35 %)
- 300 g Kokosöl (30 %)
- 350 g Reiskeimöl (35 %)
- 135 g NaOH (8 % Überfettung)
- 340 g destilliertes Wasser
- 1 TL Titandioxid
- 4–5 Tropfen Seifenfarbe Blau (Mac Soapy)
- 30 g PÖ Fresh Linen (Mac Soapy/Gracefruit) oder 30 g PÖ Cactus & Seasalt (Fragrancy)
- Alkohol (95 %) zum Besprühen
- 1–2 Naturschwämme (ca. 15 cm Durchmesser)
- Silikonform oder als Alternative leere und saubere Hüttenkäsebecher

1. Sheabutter und Kokosöl sanft schmelzen, Reiskeimöl abwiegen, hinzufügen und die Mischung auf ca. 35–40 °C abkühlen lassen. Aus NaOH und destilliertem Wasser unter Berücksichtigung der Sicherheitsregeln die Lauge herstellen. Die abgekühlte Lauge zum Öl gießen und die Mischung mithilfe des Stabmixers zum Andicken bringen.
2. In der Zwischenzeit den Naturschwamm nass machen und wieder gut auswringen, sodass er nur noch leicht feucht ist.
3. Den Schwamm nun in die für die Form passende Stücke schneiden.
4. In einem Messbecher das Titandioxid mit 3–4 TL Wasser zu einer Mischung von saucenähnlicher Konsistenz verrühren. Die blaue Seifenfarbe kann tropfenweise direkt hinzugegeben werden, bis die gewünschte Nuance erreicht ist (die Farbe in der Seife wird etwas heller sein). Duft abwiegen und bereitstellen.
5. Sobald Lauge und Fette ca. 35 °C erreicht haben, Lauge langsam in die Fett-/Ölmischung eingießen.
6. Mit dem Schneebesen grob vorrühren, anschließend mit dem Stabmixer kurz durcharbeiten, bis sich alles homogen verbunden hat.
7. Anschließend die vorbereitete Farbmischung hineingeben und ebenfalls kurz mit dem Stabmixer gleichmäßig verrühren.
8. Den Duft hinzugeben und kurz mit dem Schneebesen verrühren.
9. Nun die Seife in die Form bzw. die Formen gießen. Der Schwamm soll ungefähr zur Hälfte bedeckt sein.
10. Anschließend die Schwammstücke vorsichtig in den noch flüssigen Seifenleim drücken.
11. Mit Alkohol (95 %) einsprühen, mit Folie abdecken – nicht isolieren.

Orange & Neroli

Eine reichhaltige, luxuriös schäumende Seife, die durch die zugesetzte Tonerde eine wunderbare Haptik erhält.

ZUTATEN

- 330 g destilliertes Wasser
- 137 g NaOH (7 % Überfettung)
- 150 g Kakaobutter (15 %)
- 250 g Kokosöl (25 %)
- 500 g Olivenöl (50 %)
- 100 g Rapsöl (10 %)
- 25 g rote Tonerde
- 25 g schwarze Tonerde
- 30 g PÖ Neroli (naturidentisches Neroli)
- Alkohol (95 %) zum Einsprühen
- 4 Messbecher
- Form nach Wahl (oder flache Form, wenn die Seife genauso wie auf dem Foto aussehen soll)

1. Destilliertes Wasser und NaOH separat abwiegen.

2. NaOH unter Berücksichtigung der Sicherheitsregeln langsam ins Wasser rieseln lassen und dabei ständig langsam umrühren, bis das Natriumhydroxid vollständig gelöst ist – dann beiseitestellen und abkühlen lassen.

3. Kakaobutter und Kokosöl abwiegen und in einem Topf bei niedrigster Stufe schmelzen lassen. Dann den Topf vom Herd nehmen.

4. Oliven- und Rapsöl abwiegen und in die geschmolzenen Fette geben – dann den Topf beiseitestellen und abkühlen lassen.

5. In der Zwischenzeit in ein Stück Pappe auf einer Seite Zacken schneiden oder einen Teigschaber mit ähnlichem Muster vorbereiten.

6. In zwei separaten Messbechern die rote und die schwarze Tonerde abwiegen und mit etwas Öl homogen vermischen.

7. Duft abwiegen und bereitstellen.

8. Sobald Lauge und Fette ca. 35 °C erreicht haben, Lauge und die Fett-/Ölmischung in je zwei genau gleiche Teile separieren (d. h. in zwei Messbecher je 500 g Fett-/Ölmischung, in zwei andere Messbecher je 233,5 g Lauge).

9. Eine der Fett-/Ölmischungen mit einem separierten Teil Lauge mit dem Schneebesen grob vorrühren. Die schwarze Tonerde-Mischung dazugeben, erneut kurz mit dem Schneebesen verrühren. Anschließend mit dem Stabmixer kurz durcharbeiten, bis sich alles homogen verbunden hat.

10. Die Hälfte des Duftes beifügen und kräftig mit dem Schneebesen verrühren.

11. Nun die Seife in die Form gießen. Ca. 30 Minuten abwarten, bis die Seife mindestens die Konsistenz von festem Pudding erreicht hat.

12. Mit dem vorbereiteten gezackten Pappstreifen langsam von einer zur anderen Seite der Form Furchen in die Seife ziehen (die Furchen müssen unverändert stehen bleiben).

13. Die restliche Lauge in die restliche Ölmischung gießen. Mit der roten Tonerde sowie mit der verbliebenen Hälfte des Duftes vermischen.

14. Um das Muster auf keinen Fall zu zerstören, kannst du den zweiten Seifenleim dicht über der bereits festen Seife vorsichtig über einen Spatel in die Form einlaufen lassen.

15. Mit Alkohol (95 %) einsprühen und entweder mit Folie oder je nach Form mit dem dazugehörigen Deckel abdecken. Anschließend mit Decken oder Handtüchern isolieren.

Soleseife

Eine schneeweiße Seife, hergestellt mit einer Salzsole und besonders beliebt zur Verwendung gegen unreine Haut oder Akne.

ZUTATEN

- 335 g destilliertes Wasser
- 133 g NaOH (8 % Überfettung)
- 150 g Salz
- 250 g Sheabutter (25 %)
- 250 g Kokosöl (25 %)
- 250 g Olivenöl (25 %)
- 200 g Sonnenblumenöl (20 %)
- 50 g Rizinusöl (5 %)
- 20 g ÄÖ Lavendel oder Lavandin (günstigere, etwas holzigere Variante)
- 10 g ÄÖ Pfefferminz
- Alkohol (95 %) zum Einsprühen
- Mini-Guglhupfformen

1. Destilliertes Wasser und NaOH separat abwiegen.

2. Salz im Wasser verrühren, bis es sich vollständig aufgelöst hat.

3. NaOH unter Berücksichtigung der Sicherheitsregeln behutsam ins Solewasser rieseln lassen und dabei ständig langsam umrühren, bis das Natriumhydroxid vollständig gelöst ist. Die milchig-weiße Solelauge beiseitestellen und abkühlen lassen.

4. Sheabutter und Kokosöl abwiegen und in einem Topf bei niedrigster Stufe schmelzen lassen, anschließend vom Herd nehmen.

5. Oliven-, Sonnenblumen- und Rizinusöl abwiegen und in die geschmolzenen Fette geben – Topf beiseitestellen und abkühlen lassen.

6. Duft abwiegen und bereitstellen.

7. Solltest du Einzelformen benutzen, platziere sie bitte auf einer stabilen Unterlage, die mindestens 50 °C aushält. Die Seife soll später in den Ofen gestellt werden, um die Gelphase anzuschieben. Dafür musst du die befüllten Seifenformen sicher in den Ofen transportieren können. Natürlich sollten die Formen ebenfalls diese Temperatur aushalten können, hierfür eignet sich Silikon sehr gut.

8. Sobald Lauge und Fette ca. 35 °C erreicht haben, Lauge in die Fett-/Ölmischung langsam eingießen.

9. Mit dem Schneebesen grob vorrühren, anschließend mit dem Stabmixer kurz durcharbeiten, bis sich alles homogen verbunden hat.

10. Anschließend den vorbereiteten Duft beifügen und ebenfalls kurz mit dem Schneebesen verrühren.

11. Nun die Seife in die Form(en) geben. Diese bei 50 °C (nicht höher!) ca. 1 Stunde in den Backofen stellen. Bei Einzelförmchen kannst du die Seife danach in der Form belassen und erst am Folgetag herausnehmen. Solltest du eine Blockform benutzen, lass die Seife auf handwarme Temperatur abkühlen, löse sie aus der Form und schneide sie direkt in Stücke.

12. Mit Alkohol (95 %) einsprühen und entweder mit Folie oder je nach Form mit dem dazugehörigen Deckel abdecken. Anschließend mit Decken oder Handtüchern isolieren.

Juniper Berry

Fein gemahlene Haferflocken verleihen dieser nach Wacholderöl und einem Spritzer Cassia duftenden Seife ihren sanften Peelingeffekt.

ZUTATEN

- 340 g destilliertes Wasser
- 135 g NaOH (8 % Überfettung)
- 350 g Sheabutter (35 %)
- 300 g Kokosöl (30 %)
- 350 g Reiskeimöl (35 %)
- 30 g ätherisches Wacholderöl
- 10 Tropfen Cassiaöl (Zimtblatt) – kann auch weggelassen werden
- 2–3 EL Rhassoul (Tonerde aus Marokko)
- 1–2 EL Haferflocken (vorher fein mahlen)
- Alkohol (95 %) zum Einsprühen
- Blockform oder andere flache Form, z. B. rechteckige/quadratische Brownieform

EIN HAUCH VON WALD UND WILDNIS, DEN MÄNNER LIEBEN!

1. Destilliertes Wasser und NaOH separat abwiegen.
2. NaOH unter Berücksichtigung der Sicherheitsregeln behutsam ins Wasser rieseln lassen und dabei ständig langsam umrühren, bis das Natriumhydroxid vollständig gelöst ist. Dann beiseitestellen und abkühlen lassen.
3. Sheabutter und Kokosöl abwiegen und in einem Topf bei niedrigster Stufe schmelzen lassen, anschließend vom Herd nehmen.
4. Reiskeimöl abwiegen und in die geschmolzenen Fette geben – Topf beiseitestellen und abkühlen lassen.
5. Duft abwiegen und bereitstellen.
6. Sobald Lauge und Fette ca. 35 °C erreicht haben, Lauge langsam in die Fett-/Ölmischung gießen.
7. Mit dem Schneebesen grob vorrühren, anschließend mit dem Stabmixer kurz durcharbeiten, bis sich alles homogen verbunden hat.
8. Anschließend den vorbereiteten Duft beifügen und ebenfalls kurz mit dem Schneebesen verrühren.
9. Einen Teil des Seifenleims in einen separaten Messbecher füllen und Rhassoul zugeben. Dann erneut kurz mit dem Stabmixer homogen verrühren.
10. Den zweiten Teil Seifenleim und die gemahlenen Haferflocken mithilfe eines Rührlöffels mischen.
11. Beide Seifenleime abwechselnd in eine Blockform oder eine flache Form gießen.
12. Mit Alkohol (95 %) einsprühen und entweder mit Folie oder je nach Form mit dem dazugehörigen Deckel abdecken. Anschließend mit Decken oder Handtüchern isolieren.

TIPP

Als Form empfehle ich einen Dividor oder eine andere Tray-ähnliche Form, beispielsweise eine quadratische oder rechteckige Brownieform. Wer sich nicht extra eine Form zulegen will, kann hierfür auch einen mit Folie ausgelegten Schuhkarton verwenden.

ZUTATEN

- 330 g destilliertes Wasser
- 137 g NaOH (7 % Überfettung)
- 150 g Kakaobutter (15 %)
- 250 g Kokosöl (25 %)
- 500 g Olivenöl (50 %)
- 100 g Rapsöl (10 %)
- PÖ Love Potion (Mac Soapy oder Gracefruit)
- je 1–2 g Pigment Dark Pink und Pigment Blau Pulver (Behawe)
- je 5 g Aktivkohle und Titandioxid (Behawe)
- Alkohol (95 %) zum Einsprühen
- Taiwan-Swirl-Blockform (Lumbinigarden)
- 4 Messbecher
- 4 Trinkbecher aus Plastik
- 1 Schaschlik- oder Essstäbchen

Genie in a bottle

Ein kunterbuntes reichhaltig pflegendes Seifenwunder, virtuos in aufregend kontrastreichem Muster geswirlt.

1. Destilliertes Wasser und NaOH separat abwiegen.

2. NaOH unter Berücksichtigung der Sicherheitsregeln behutsam ins Wasser rieseln lassen und dabei ständig langsam umrühren, bis das Natriumhydroxid vollständig gelöst ist. Dann beiseitestellen und abkühlen lassen.

3. Kakaobutter und Kokosöl abwiegen und in einem Topf bei niedrigster Stufe schmelzen lassen, anschließend vom Herd nehmen.

4. Oliven- und Rapsöl abwiegen und in die geschmolzenen Fette geben – Topf beiseitestellen und abkühlen lassen.

5. Duft abwiegen und bereitstellen.

6. Farben separat in den Plastik-Trinkbechern in etwas Wasser auflösen und beiseitestellen.

7. Sobald Lauge und Fette ca. 35 °C erreicht haben, Lauge langsam in die Fett-/Ölmischung gießen.

8. Mit dem Schneebesen grob vorrühren, anschließend mit dem Stabmixer kurz durcharbeiten, bis sich alles homogen verbunden hat.

9. Seifenleim zu gleichen Teilen auf die vier Messbecher aufteilen.

10. Die Farben je auf die Messbecher verteilen und mit einem Schneebesen gut unter den Seifenleim heben.

11. Duft zu je einem Viertel ebenfalls auf die Messbecher verteilen.

12. Nun beginnend mit der ersten Farbe, die vier Kammern der Seifenform füllen. Zunächst in jede Kammer nur ein wenig Seifenleim geben. So hat man am Boden der Form eine Basis, die sich nicht mehr vermischt. Anschließend die Seifenleime gleichmäßig auf die Kammern verteilen.

13. Anschließend die Trennstäbe vorsichtig herausziehen.

14. Mit einem Essstäbchen, beginnend am linken Rand der Form, gleichmäßig von oben nach unten ein U zeichnen, bis man am rechten Rand der Form angekommen ist. Anschließend führt man das Essstäbchen im oder gegen den Uhrzeigersinn innen am Rand der Form entlang, z. B. beginnend an der linken oberen Ecke: von links oben am Rand nach unten links, dann von unten links nach rechts unten und anschließend nach rechts oben, anschließend wieder von rechts oben nach links oben. Diesen Vorgang wiederholt man ca. drei- bis viermal. Das vorher gezeichnete Wellenmuster schwingt dann in die Richtung, in der man den Rand der Blockform innen nachgezeichnet hat.

15. Mit Alkohol (95 %) einsprühen und mit dem dazugehörigen Deckel abdecken. Anschließend mit Decken oder Handtüchern isolieren.

WICHTIG

Sobald der Block aus der Form genommen ist, schneidet man die Seifenstücke nicht wie üblich in Scheiben ab, sondern entlang der Längskante des Blocks. So bildet sich auf dem fertigen Seifenstück das Muster des Taiwan-Swirls ab.

TIPP

Überlege dir für die Farben am besten zwei sehr helle und zwei dunklere. So kommt das Muster später noch besser zur Geltung.

Mandelmilchseife

Hier bestechen nicht nur der Duft und die angenehmen pflegenden Eigenschaften, sondern auch die einfache, aber effektvolle Topfmarmorierung.

ZUTATEN

- 250 g destilliertes Wasser
- 137 g NaOH (7 % Überfettung)
- 150 g Kakaobutter (15 %)
- 250 g Kokosöl (25 %)
- 500 g Olivenöl (50 %)
- 100 g Rapsöl (10 %)
- 15 g ÄÖ Limette
- 15 g ÄÖ Krauseminze
- 1 g Titandioxid
- 1 g Annattopulver (Behawe)
- 80 g Mandelmilch
- z. B. Blockform, aus Holz oder Kunststoff

1. Destilliertes Wasser und NaOH separat abwiegen.
2. NaOH unter Berücksichtigung der Sicherheitsregeln behutsam ins Wasser rieseln lassen und dabei ständig langsam umrühren, bis das Natriumhydroxid vollständig gelöst ist. Dann beiseitestellen und abkühlen lassen.
3. Kakaobutter und Kokosöl abwiegen und in einem Topf bei niedrigster Stufe schmelzen lassen, anschließend vom Herd nehmen.
4. Oliven- und Rapsöl abwiegen und in die geschmolzenen Fette geben – Topf beiseitestellen und abkühlen lassen.
5. Duft abwiegen und bereitstellen.
6. Titandioxid in einem Plastikbecher in Wasser auflösen. Annattopulver mit etwas Öl vermischen, beides beiseitestellen.
7. Sobald Lauge und Fette ca. 35 °C erreicht haben, Lauge langsam in die Fett-/Ölmischung gießen.
8. Nun die Mandelmilch und den Duft hinzufügen.
9. Mit dem Schneebesen grob vorrühren, anschließend mit dem Stabmixer kurz durcharbeiten, bis sich alles homogen verbunden hat.
10. Ca. 100 g des Seifenleims abnehmen und anschließend mit dem Titandioxid verrühren.
11. Den restlichen Seifenleim im Topf mit dem Annattopulver-Öl-Gemisch färben.
12. Den aufgehellten Seifenleim an drei bis vier Stellen in den Seifenleim im Topf gießen (danach nicht mehr verrühren!).
13. Nun den gesamten Inhalt des Topfes in eine Blockform gießen. Bewege den Topf dabei hin und her, um die beiden gleichzeitig herausfließenden Farben gleichmäßig zu verteilen und schöne Muster damit zu erzielen.

TIPP

Ich habe meine Mandelmilchseife in einer Blockform gegossen, die es aus Holz oder einem speziellen Kunststoff gibt. Zu beziehen beispielsweise bei Manske: Siehe das Kapitel „Rohstoffhändler und Bezugsquellen“ am Ende des Buches.

GUT ZU WISSEN

Die Topfmarmorierung kann natürlich auch mit mehreren Farben gestaltet werden. Bedenke stets, dass du nur sehr wenig vom Seifenleim in der Kontrastfarbe brauchst: Auf 1 kg Seifenleim genügt etwa ein Plastik-Trinkbecher mit Seifenleim in der Kontrastfarbe.

TIPP

Als Form habe ich einen Tray aus zwölf quadratischen Silikon-Einzelformen verwendet, diesen habe ich in den USA bei „Bramble Berry“ gekauft.

Guinnessbier-Seife

Die Herstellung dieser dekorativen, schwarzen, hell schäumenden Seife bietet eine gute Möglichkeit, färbendes Parfümöl zu verarbeiten.

ZUTATEN

- 1 l Guinness-Bier
- 137 g NaOH (7 % Überfettung)
- evtl. destilliertes Wasser zum Strecken des Bieres
- 250 g Kokosöl (25 %)
- 150 g Kakaobutter (15 %)
- 500 g Olivenöl (50 %)
- 100 g Rapsöl (10 %)
- 3–4 EL Aktivkohle (Behawe)
- PÖ Francincense & Myrrh (Mac Soapy oder Gracefruit). Achtung: verfärbt dunkelbraun!
- Eiswürfelformen
- Blockform

Einleger Kleeblatt: Diese Einleger müssen im Vorfeld separat vorbereitet werden. Man kann sie aus dem Restleim einer anderen Seife gießen und dann für diese Seife verwenden. Natürlich lässt sich die Seife auch ohne Einleger herstellen und in eine Blockform gießen.

1. Zunächst ca. 1 Liter Guinness-Bier siedend kochen und dadurch auf ca. 330 g reduzieren, auf diese Weise verflüchtigt sich der Alkohol. Anschließend in Eiswürfelformen gießen und einfrieren (der hohe Zuckeranteil im Bier würde, wenn es nicht kalt genug ist, die Lauge aufschäumen lassen).

2. NaOH abwiegen, gefrorenes Bier abwiegen. Sollten die gefrorenen Bierwürfel weniger als 330 g wiegen, einfach mit destilliertem Wasser ergänzen.

3. NaOH unter Berücksichtigung der Sicherheitsregeln behutsam in den Laugebehälter mit den Bier-Eiswürfeln rieseln lassen und dabei beständig langsam rühren. Die Eiswürfel lösen sich nach und nach auf. Abkühlen lassen. Tipp: Laugebehälter am besten in die Spüle stellen und dort die Lauge anrühren.

4. Kokosöl und Kakaobutter schmelzen, anschließend Oliven- und Rapsöl hinzufügen. Dann beides abkühlen lassen.

5. Sobald Lauge und Fette ca. 35 °C erreicht haben, Lauge langsam in die Fett-/Ölmischung gießen. Mit dem Schneebesen grob vorrühren, anschließend mit dem Stabmixer kurz durcharbeiten, bis sich alles homogen verbunden hat.

6. 150–200 g des Seifenleims abnehmen und beiseitestellen.

7. In den verbleibenden Seifenleim nun die Aktivkohle und den Duft geben, erneut mit dem Stabmixer homogen verrühren, bis die Masse die Konsistenz von Pudding erreicht hat. In die vorbereitete Form füllen.

8. Der separierte Seifenleim bleibt ungefärbt und unbeduftet. Diesen nun vorsichtig auf den schwarzen Seifenleim geben.

9. Wenn der helle Seifenleim so fest geworden ist, dass eine Furche stehen bleibt, wenn man mit einem Löffel in den Seifenleim drückt, kann das Topping gestaltet werden: Mit einem Plastiklöffel an der Oberfläche einstechen und leichte Drehbewegungen nach links und rechts vollziehen.

10. Sofern vorbereitet und gewünscht, kommen nun die Einleger auf die Oberfläche der Seife.

11. Nun die Form abdecken. Anschließend mit Decken oder Handtüchern isolieren.

TIPP

Mixe das Topping recht zeitnah nach der Herstellung der Unterteile. Je frischer der Seifenleim in den Unterteilen noch ist, desto besser verbindet er sich mit dem Topping.

Seifen-Cupcakes und Schwimmseife

Seifen, anzusehen wie leckere Cupcakes mit zweierlei Topping: eines mit angedicktem Seifenleim, das andere mit „Schwimmseife“.

ZUTATEN

Rezepte Schwimmseifen-Topping (Meringue oder Whipped Soap)

In der Rezeptur sollten immer mindestens 70–80 % feste Fette sein.

- 83,9 g NaOH (8 % Überfettung)
- 200 g destilliertes Wasser
- 250 g Kokosnussöl (41,67 %)
- 250 g Sheabutter (41,67 %)
- 100 g Olivenöl (16,67 %)

Oder

- 86,9 g NaOH (8 % Überfettung)
- 200 g destilliertes Wasser
- 250 g Kokosnussöl (41,67 %)
- 250 g Palmöl (41,67 %)
- 100 g Rapsöl (16,67 %)

Außerdem benötigst du

- Einwegspritzbeutel mit Tülle

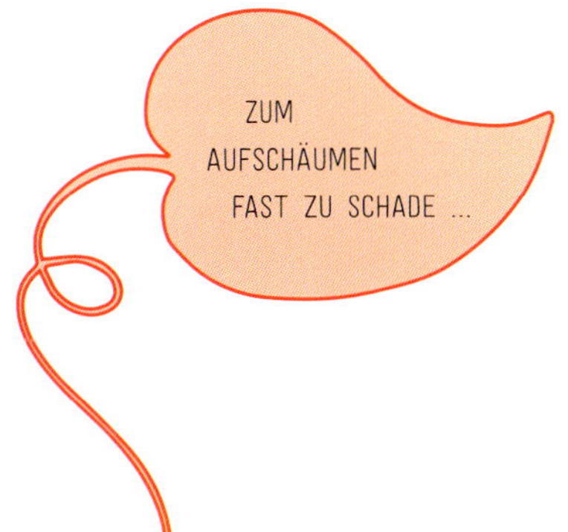

Für die Unterteile der Cupcakes kannst du ein Basisrezept nehmen und den Seifenleim dann in kleine Cupcake-Silikonformen gießen. Sofern du das Topping mit normalem Seifenleim machen möchtest, behalte ungefähr die Hälfte des Leims dafür zurück. Nachdem du diesen Leim ebenfalls gefärbt und beduftet hast, rührst du ihn, bis seine Konsistenz die eines festen Puddings ist. Der Leim muss deutlich stehenbleiben, wenn du einen Spatel einstichst. Danach kannst du die Masse in einen Spritzbeutel mit Tülle geben und auf die Cupcake-Unterteile spritzen.

1. Aus NaOH und kaltem Wasser unter Berücksichtigung der Sicherheitsregeln die Lauge herstellen, beiseitestellen und abkühlen lassen.

2. Die festen Fette entweder bei Zimmertemperatur (sie müssen sehr weich sein!) aufschlagen oder aber einschmelzen und dann erkalten lassen, bis sie fast wieder fest sind. Anschließend alles mit dem Handmixer aufschlagen, bis das Fett weiß und fluffig wird (das erfordert etwas Geduld).

3. Dann das flüssige Öl zugeben und nochmals alles so lange verrühren, bis eine homogene, weiße, lockere Masse entstanden ist.

4. Nun die kalte Lauge langsam eingießen und mit dem Handmixer gut verrühren. (Bei diesem Topping ist es wirklich wichtig, dass sich die gesamte Masse mit der Lauge verbindet. Eventuell zwischendurch mit einem Teigschaber alles gut vermischen und erneut mit dem Handmixer durcharbeiten.)

5. Nun kannst du die Masse färben und beduften. Achtung: Auch Schwimmseife wird bei andickendem Parfümöl zu Blitzbeton! Farben erscheinen in Schwimmseife immer pastelliger als in normalem Seifenleim.

6. Nun den Einweg-Spritzbeutel mit der Tülle versehen, mit der Tülle nach unten in ein hohes Glas stellen und das Beutelende rundherum über den Glasrand stülpen. So lässt sich der Beutel leicht mit der aufgeschlagenen Seifenmasse befüllen.

7. Die Seifenmasse in gewünschter Form als Topping auf die vorbereiteten Cupcake-Sockel spritzen.

TIPP

Nach meiner Erfahrung gelingt die Dekoration etwas einfacher und gleichmäßiger, wenn man zunächst einen kleinen Seifen-Tupfen in die Mitte des Cupcake-Sockels setzt und anschließend das eigentliche Topping um diesen Tupfen herumspritzt: Das Topping baut sich mit dieser Methode schön auf und fällt nicht zusammen.

Laundry
Soap

Waschmittel

Ein selbst gemachtes Waschmittel mit äußerst starker Reinigungskraft – im Handumdrehen hergestellt aus einer Seife nach Wahl.

ZUTATEN

- 1 Stück Seife (ca. 150–200 g)
- 220 g Waschsoda (= Natriumcarbonat, im Drogeriemarkt erhältlich)
- 110 g Backnatron (= Natriumhydrogencarbont/Natriumbicarbonat)
- 110 g Zitronensäure
- 60 g grobes Salz (hier kann auch Spülmaschinensalz verwendet werden)
- nach Wunsch 10–15 Tropfen ätherisches Öl (z. B. Lavendel oder Lemongrass)

1. Die Seife fein raspeln und in eine große Schüssel geben.
2. Nun die restlichen Zutaten beifügen und alles gut vermischen.
3. Wer mag, kann jetzt noch ein paar Tropfen des ätherischen Öls hinzugeben.
4. Alles in einen luftdichten Behälter füllen. Sehr gut geeignet sind hierfür Müsli-Schütt-Behälter, aber auch große Bonbongläser. Fertig!

TIPP

Geeignet ist dieses Waschmittel für die Maschinenwäsche bis 60 °C, es wird dabei genauso wie konventionelles Waschmittel dosiert.

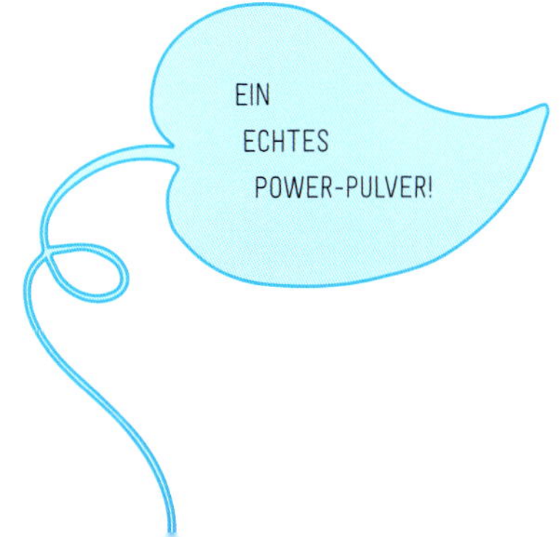

ZUTATEN

- 225 g Stearinsäure (45 %)
- 120 g Kokosnussöl (24 %)
- 70 g Olivenöl (14 %)
- 50 g Hanfsamenöl (10 %)
- 35 g Rizinusöl (7 %)
- 28,4 NaOH (5 % Überfettung)
- 66,3 KOH (5 % Überfettung, 90 % Reinheit)
- 490 g destilliertes Wasser (stark erhöhter Wasseranteil)
- 20–30 g ÄÖ Lavendel oder eine Kombination aus Litsea und Rosmarin zu gleichen Teilen
- 20 g Argan- oder Avocadoöl (als Überfettung nach der Verseifung)
- optional 1 TL Kaolin (sorgt für leichteres Gleiten der Klinge über die Haut)
- 10–15 g Seidenprotein
- 20–30 g Natriumlaktat (60 %-Lösung)
- Glasbehälter, Silikonformen oder PET-Behälter

Rasierseife

Selbst gemachte Rasierseife nach einem Rezept für Fortgeschrittene und hergestellt im Crockpot ist ein Geschenk, das immer Eindruck macht.

1. Alle Öle und Fette (bis auf die 20 g Argan- oder Avocadoöl) abwiegen und in den Crockpot geben. Dann beiseitestellen.

2. NaOH und KOH abwiegen und in separate, laugenbeständige Behälter füllen. Wasser abwiegen und ebenfalls in einen laugenbeständigen Behälter füllen. Nun zuerst das Kaliumhydroxid (KOH) in das Wasser rühren. Bitte unbedingt diese Reihenfolge einhalten! KOH neigt dazu, sich sprudelnd aufzulösen und schnell Hitze zu entwickeln.

3. Sobald das KOH vollständig im Wasser gelöst ist, wird das Natriumhydroxid (NaOH) dazugegeben.

4. In einem Glas nun das ätherische Öl mit dem Arganöl vermischen. Falls der Effekt des leichteren Gleitens der Rasierklinge über die Haut gewünscht wird, auch noch das Kaolin mit einrühren.

5. In einem Plastikbecher das Seidenprotein und das Natriumlaktat abwiegen. Seidenprotein bewirkt, dass sich später der Schaum auf der Haut angenehm seidig anfühlt, Natriumlaktat gibt dem Seifenleim eine schöne Konsistenz.

6. Stelle den Crockpot auf die Stufe „LOW" und schmelze die Fette und Öle. Die Stearinsäure wird am längsten brauchen, da ihr Schmelzpunkt sehr hoch ist. Immer wieder umrühren – das verteilt die Wärme gleichmäßig. Ist alles geschmolzen, sollten die Öle und Fette nicht heißer als 80 °C sein. Die Temperatur hin und wieder mit einem Thermometer überprüfen. Langsam die Lauge in die geschmolzenen Fette gießen und mithilfe eines Schneebesens verrühren.

7. Mit dem Stabmixer die Mischung durcharbeiten. Keine Angst, wenn die Substanz erst wie Kartoffelbrei aussieht. Mit dem Stabmixer weiterrühren, bis die Mischung homogen und zähflüssig wird.

8. Setze den Deckel auf den Crockpot und koche die Seife ca. 1–1½ Stunden. Etwa alle 20–30 Minuten mit einem Rührlöffel oder einem Spatel umrühren. Das verhindert, dass die Seife am Boden zu heiß wird oder gar anbrennt.

9. Nach ca. 1½ Stunden den Crockpot auf „Warmhalten" („Warm Setting") stellen. Die Seife etwas abkühlen lassen. Sobald die Seife etwa 80 °C erreicht hat, die Seidenprotein/Natriumlaktat-Mischung sowie das Arganöl und das ätherische Öl zugeben und einrühren. Achte darauf, dass die Seife nicht zu sehr abkühlt. Sie würde in diesem Stadium der Herstellung sonst schon hart werden. Du kannst zum Einrühren auch wieder den Stabmixer benutzen.

10. Nun füllst du die Seife in die vorbereiteten Einzelformen, Glasbehälter oder PET-Behälter. Bei PET-Behältern bitte auf die Temperatur achten und nicht zu heiß einfüllen. Achte auch darauf, die Behälter nur zur Hälfte zu befüllen. So bleibt später Platz, die Seife mit dem Rasierpinsel aufzuschäumen.

11. Du kannst die Seife nach 2–3 Stunden aus den Einzelformen lösen. Bei Behältern unbedingt so lange warten, bis die Seife vollständig ausgekühlt ist. Dann setzt du den Deckel auf und vermeidest so die Bildung von Kondenswasser im geschlossenen Behälter.

12. Da die Seife heiß verseift wurde, ist keine Reifezeit von 4–6 Wochen notwendig: Die Seife kann bereits nach ca. 1 Woche Ruhezeit verwendet werden.

TIPP

Ein Seifenrechner (allerdings auf Englisch) für Mischverseifungen mit NaOH und KOH findet sich unter: http://soapee.com

Gurkenseife

Eine leichte Seife mit frischer Gurke und Joghurt.
Die eingegossenen Seifenröllchen sorgen für eine ansprechende Optik.

ZUTATEN

- 230 g destilliertes Wasser
- 137 g NaOH (7 % Überfettung)
- 150 g Kakaobutter (15 %)
- 250 g Kokosöl (25 %)
- 500 g Olivenöl (50 %)
- 100 g Rapsöl (10 %)
- 30 g ÄÖ Lemongrass
- 50 g Gurke (geschält und püriert)
- 50 g Joghurt
- 5–6 Tropfen Seifenfarbe grün (Gracefruit/MacSoapy)
- Alkohol (95 %) zum Einsprühen
- Brownieform

1. Destilliertes Wasser und NaOH separat abwiegen.
2. NaOH unter Berücksichtigung der Sicherheitsregeln behutsam ins Wasser rieseln lassen und dabei ständig langsam umrühren, bis das Natriumhydroxid vollständig gelöst ist. Dann beiseitestellen und abkühlen lassen.
3. Kakaobutter und Kokosöl abwiegen und in einem Topf bei niedrigster Stufe schmelzen lassen, anschließend vom Herd nehmen.
4. Oliven- und Rapsöl abwiegen und in die geschmolzenen Fette geben – Topf beiseitestellen und abkühlen lassen.
5. Duft abwiegen und bereitstellen.
6. Die Brownieform mit den hochkant gestellten Seifenröllchen (siehe Tipp) auslegen.
7. Sobald Lauge und Fette ca. 35 °C erreicht haben, Lauge langsam in die Fett-/Ölmischung gießen.
8. Mit dem Schneebesen grob vorrühren, anschließend mit dem Stabmixer kurz durcharbeiten, bis sich alles homogen verbunden hat.
9. Nun das Gurkenpüree und den Joghurt hinzugeben und alles gut vermischen, anschließend den Duft und die Farbe beifügen und nochmals homogen verrühren.
10. Den Seifenleim (am besten umgefüllt in einen Messbecher) in die Form füllen. Dabei darauf achten, dass auch die Zwischenräume zwischen den Seifenröllchen gut ausgefüllt sind.
11. Mit Alkohol (95 %) besprühen, abdecken und isolieren.
12. Nach dem Herauslösen und Zuschneiden der Seifenstücke kommen die eingegossenen Seifenröllchen am besten zur Geltung, wenn man die oberste Schicht des Seifenstücks ganz dünn über die gesamte Fläche abschneidet oder mit einem Küchenhobel abhobelt.

TIPP

Die Seifenröllchen erhält man, wenn man mit einem Käsehobel über eine relativ frische Seife (1–2 Wochen alt) der Länge nach Bahnen zieht. Dabei rollt sich die abgehobelte Seife auf.

VARIANTE

Alternativ kann man die Röllchen auch mit fertig gekaufter Gieß-Seife (auch bekannt als Melt- & Pour-Seife, in gut sortierten Bastelgeschäften erhältlich) herstellen. Die Gieß-Seife in der Mikrowelle erwärmen, bis sie flüssig ist, einfärben und danach wieder erkalten lassen. Anschließend kann man die Seifenröllchen ebenfalls vom so erhaltenen Seifenstück abhobeln.

COMB-BRUSH

Gemusterte Seifen

Farbenfrohe Akzente in der Seifenschale: Eine oder mehrere Applikatorflasche(n) sind hier unerlässliche Hilfsmittel bei der Farbgestaltung.

ZUTATEN

- 300 g destilliertes Wasser
- 137 g NaOH (5 % Überfettung)
- 200 g Kokosfett (20 %)
- 800 g Olivenöl (80 %)
- Duft und Farbe nach Wahl
- Alkohol (95 %) zum Einsprühen
- z. B. Tray aus 12 quadratischen Silikon-Einzelformen
- Applikatorflasche/n
- 1 Schaschlik- oder Essstäbchen

1. Destilliertes Wasser und NaOH separat abwiegen.

2. NaOH unter Berücksichtigung der Sicherheitsregeln behutsam ins Wasser rieseln lassen und dabei ständig langsam umrühren, bis das Natriumhydroxid vollständig gelöst ist. Dann beiseitestellen und abkühlen lassen.

3. Kokosfett abwiegen und in einem Topf bei niedrigster Stufe schmelzen lassen, anschließend vom Herd nehmen. Olivenöl abwiegen und in das geschmolzene Kokosöl geben – Topf beiseitestellen und abkühlen lassen.

4. Duft abwiegen und bereitstellen.

5. Gewünschte Farbe/Farben in Applikatorflasche/n vorbereiten und beiseitestellen.

6. Die gewählte Form sollte abdeckbar sein, allerdings darf der Deckel oder die Abdeckung später das Oberflächenmuster nicht zerstören.

7. Sobald Lauge und Fette ca. 35 °C erreicht haben, Lauge in die Fett-/Ölmischung langsam eingießen.

8. Mit dem Schneebesen grob vorrühren, anschließend mit dem Stabmixer kurz durcharbeiten, bis sich alles homogen verbunden hat.

9. Nun können ca. 50 g Seifenleim in eine oder mehrere Applikatorflasche(n) gefüllt werden. Flasche(n) verschließen und durch Schütteln die Farbe und den Leim vermischen.

10. Den restlichen Seifenleim in die Form gießen.

11. Nun wie auf dem Bild erkennbar mit der Applikatorflasche Punkte auf den Seifenleim in der Form aufspritzen und anschließend mit dem Schaschlik- oder Essstäbchen die Muster ziehen.

12. Mit Alkohol (95 %) einsprühen, abdecken und isolieren.

HIER IST JEDE SEIFE EIN UNIKAT!

TIPP

Der Eigenduft des Honigs bleibt in der fertigen Seife leider nicht erhalten. Wenn du es pur magst, lässt du diese Seife unbeduftet.

Honigseife

Eine wunderbar schäumende Honigseife in Wabenstruktur mit einem großen Anteil an echtem Honig.

ZUTATEN

- 450 g destilliertes Wasser (erhöhte Wassermenge aufgrund der ausschließlichen Verwendung von festen Fetten)
- 134,8 g NaOH (7 % Überfettung)
- 100 g Kakaobutter (10 %)
- 250 g Babassuöl (25 %) – alternativ Kokosöl, bitte in diesem Fall NaOH-Menge neu berechnen!
- 650 g Olivenöl (65 %)
- 30 g PÖ Scottish Honey Blossom (Mac Soapy / Gracefruit) oder PÖ Hafermilch & Honig: dunkelt in der Seife zu einem Beigeton nach (Behawe)
- 130 g Honig
- Blasenfolie
- optional zusätzlich 50 g Bienenwachs – in diesem Fall erhöht sich die NaOH-Menge auf 138 g
- Blockform oder Brownieform (Silikon)

1. 400 g destilliertes Wasser und NaOH separat abwiegen.
2. NaOH unter Berücksichtigung der Sicherheitsregeln behutsam ins Wasser rieseln lassen und dabei ständig langsam umrühren, bis das Natriumhydroxid vollständig gelöst ist. Dann beiseitestellen und abkühlen lassen.
3. Alle festen Fette (optional hier auch das Wachs) abwiegen und in einem Topf bei niedrigster Stufe schmelzen lassen, anschließend vom Herd nehmen.
4. Olivenöl abwiegen und in die geschmolzenen Fette geben – Topf beiseitestellen und abkühlen lassen.
5. In der Zwischenzeit die Form mit der Blasenfolie auslegen.
6. Duft abwiegen und bereitstellen. Honig mit 50 g warmem Wasser verrühren und beiseitestellen.
7. Sobald Lauge und Fette ca. 35 °C erreicht haben, Lauge langsam in die Fett-/Ölmischung gießen.
8. Mit dem Schneebesen grob vorrühren, anschließend mit dem Stabmixer kurz durcharbeiten, bis sich alles homogen verbunden hat.
9. Nun das vorbereitete Honig-Wasser-Gemisch beifügen und kurz mit dem Stabmixer homogen verrühren. Danach den Duft zugeben und mit dem Schneebesen untermischen.
10. Den Seifenleim in die Form gießen. Da die Seife ohnehin abgedeckt werden muss, kann man hierfür nochmals Blasenfolie verwenden. Auf diese Weise erscheint das Muster auf beiden Seiten der Seife.
11. Nicht isolieren, wenn die Seife eine hellere Farbe behalten soll. Isoliert werden muss hingegen, wenn die Seife eine mittel- bis dunkelbraune Farbe annehmen soll. Durch ihren hohen Honiganteil braucht diese Seife 10–12 Wochen Reifezeit.

INFO

Viele mögen Honigseifen in Verbindung mit Milchprodukten. Du kannst die Wassermenge zum Anrühren der Lauge beispielsweise durch Ziegenmilch ersetzen. Friere die abgemessene Menge ein und rühre die Lauge mit den Milcheiswürfeln an. Der dabei entstehende unangenehme Ammoniakduft ist übrigens normal und verfliegt in der fertigen Seife während der Reifezeit vollständig. Die gegossene Seife dann nicht mehr isolieren, sondern möglichst kühl stellen, da Milchprodukte die Seife sehr stark aufheizen. Auch der Zucker im Honig würde die Seife zusätzlich aufheizen: So könnte es zur unschönen Trennung der Substanzen im Seifenleim kommen, der seine Homogenität komplett verlieren würde.

Troubleshooting

Wie zu Beginn erwähnt, steckt dieses Hobby oft voller Überraschungen, und es kann durchaus auch mal etwas schief gehen. Hier einige Beispiele der häufigsten Missgeschicke – und wie man ihnen begegnen kann.

SEIFE IST KRÜMELIG BZW. SPLITTERIG ODER BRICHT BEIM SCHNEIDEN

Das kann am verwendeten Parfümöl liegen. Oder aber auch daran, dass du vielleicht im Herstellungsprozess ein Öl oder Fett vergessen hast. In diesem Fall wäre deine Seife zu scharf, weil die errechnete Zusammensetzung der Lauge nicht mit den verwendeten Ölen übereinstimmt. Du kannst die Seife einschmelzen (dies geht ganz gut im Crockpot – siehe auch Rezept „Rasierseife") und das fehlende Öl zugeben, außerdem eventuell über den Kochprozess hinweg noch ein bisschen Flüssigkeit. Auch etwas Joghurt oder Quark macht den Seifenleim wieder schön geschmeidig.

GROBE LÖCHER IM SEIFENBLOCK

Wenn du beim Schneiden der Seife größere Löcher bemerkst, die eventuell auch noch mit Flüssigkeit gefüllt sind, ist Vorsicht geboten. Vermutlich hat sich hier beim Anrühren der Lauge das Natriumhydroxid nicht vollständig gelöst. So entstehen in der Seife sogenannte Laugennester. Auch hier helfen nur das Einschmelzen und die anschließende Heißverseifung. Eventuell hast du den Seifenleim auch nicht homogen genug verrührt. In diesem Fall kann sich schon mal das hinzugegebene PÖ/ÄO in der Seife absetzen. Vielleicht hast du aber auch einfach nur zu viel Luft mit in den Seifenleim gerührt (zu langes und kräftiges Rühren mit dem Stabmixer begünstigt dies), die sich jetzt durch kleine Löcher in der Seife bemerkbar macht. Gewissheit verschafft hier der „Küsschentest" oder die Überprüfung mit einem ph-Streifen.

ÖLSCHICHT AUF DER SEIFE

Wenn nach dem Einformen der Seife irgendwann eine Ölschicht auf der Oberfläche steht, wurde entweder nicht ausreichend und homogen genug gerührt, oder aber du hast dich beim Abwiegen vertan und die Lauge enthielt zu wenig Natriumhydroxid. Nicht trocken genug gelagertes NaOH verfehlt ebenfalls mit der Zeit irgendwann seine Wirkung, obwohl man die richtige Menge verwendet hat. Du findest das schnell heraus, indem du die Gesamtmasse der Zutaten aus dem Rezept addierst (Öle/Fette + Wasser + NaOH + eventuelle Zusätze). Wenn dein Seifenblock zuzüglich des auf ihm stehenden Öls mehr wiegt, fehlt ein erheblicher Anteil NaOH. In diesem Fall kannst du das Öl abgießen und den Seifenblock reifen lassen.

Wenn du allerdings beim Vergleichen des Gewichts mit dem Rezept feststellst, dass keine Abweichung besteht, so kann dies einfach daran liegen, dass die chemische Reaktion nicht vollständig stattgefunden hat. In diesem Fall einfach die Seife ebenfalls einschmelzen und danach noch einmal neu in Form gießen.

DIE SEIFE LÄSST SICH NICHT AUS DER FORM LÖSEN

Manche Formen (gerade Einzelförmchen) geben die Seife nicht mehr so einfach her. Hier hilft Einfrieren. Du kannst die gefrorene Seife dann ganz leicht aus der Form nehmen und anschließend am besten auf Küchenpapier wieder auftauen lassen.

AUSFLOCKEN DER SEIFE

Dies liegt meist daran, dass die Lauge und die Fette nicht kühl genug zur Weiterverarbeitung waren – und somit zu heiß verseift wird. Auch ein Parfümöl kann diesen Effekt der Aufheizung hervorrufen. Entweder versuchst du, unverdrossen mit dem Stabmixer so lange den Seifenleim zu rühren, bis sich die Masse – etwas heruntergekühlt – doch noch verbindet. Oder aber du verseifst die Seife ebenfalls heiß, entweder im Crockpot oder bei ca. 100 °C im Backofen. In diesem Fall im Topf mit dem Rührlöffel ebenfalls immer wieder rühren, bis du einen homogenen Seifenleim zum Befüllen der Form hast.

WEIẞER, SAMTIG-PULVERIGER BELAG

Hierbei handelt es sich sehr wahrscheinlich um Sodaasche. Sie ist in der Regel ein rein optisches Problem. Oft spielen hier auch Luftfeuchtigkeit und Sauerstoffgehalt im Raum eine Rolle. Du kannst dieses Ärgernis verhindern oder zumindest vermindern, indem du deinen Seifenleim direkt nach dem Befüllen der Form mit Alkohol (95 %) besprühst und die Form anschließend gut abdeckst, z. B. mit dem zur Form gehörenden Deckel oder mit Frischhaltefolie. Auch das Isolieren mithilfe von Styropor-Behältern, in die du die Form stellst, oder mit Decken und alten Handtüchern beugt Sodaasche vor.

BLITZBETON

Blitzbeton entsteht in Reaktion des Seifenleims mit manchen Parfümölen, besonders Blütendüften, oder aber dann, wenn die gesamte Masse sich zu schnell aufheizt. Die Kombination eines andickenden Parfümöls mit einem Rezept, das einen hohen Anteil an festen Fetten aufweist, ist besonders heikel. Auch in diesem Fall hilft nur das Einschmelzen des „Betonblocks" unter Zugaben von etwas Flüssigkeit wie Wasser oder aber auch Sahne.

CRAQUELÈ-OPTIK IN WEISS GEFÄRBTER SEIFE

Dies ist ein rein optischer Mangel und beeinflusst die Qualität der Seife nicht im geringsten. Diese Glycerinstreifen entstehen bei Verwendung von Titandioxid durch die Hitze in der Gelphase in Kombination mit einem zu hohen Wasseranteil. Man kann diesen Effekt also vermeiden, indem man den Wasseranteil in der Rezeptur deutlich verringert (mindestens bis runter auf 25 %).

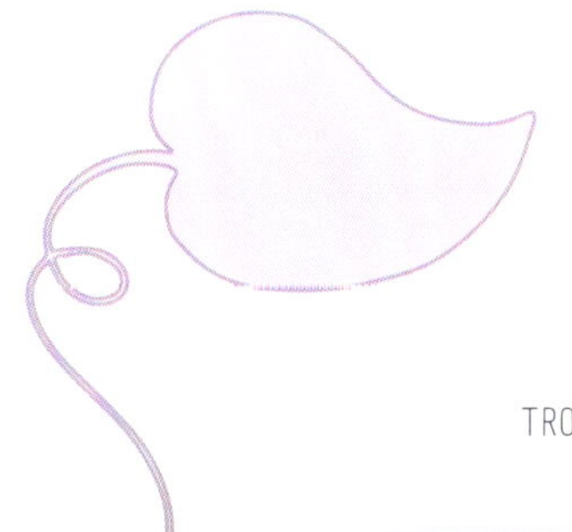

Feste Fette und Butterarten

NAME	EINSATZKONZENTRATION	BESCHREIBUNG
AVOCADOÖL	bis zu 35 %	Gewonnen aus dem Fruchtfleisch der Avocado. Überfettungs- und Pflegeöl, ergibt wunderbar cremigen Schaum.
BABASSUÖL	bis 40 %	Basisöl. Wird aus der Nuss der in Brasilien wachsenden Babassu-Palme gewonnen. Es hat hervorragende Schaumeigenschaften, ähnlich dem Kokosöl, ist aber milder.
DISTELÖL	bis zu 15 %	Überfettungs- und Pflegeöl. Gewonnen aus dem Samen der Färberdistel. In Rezepturen sparsam dosieren, da es die Seife weicher macht und bei zu hohem Einsatz dazu führen kann, dass sie ranzig wird.
JOJOBAÖL	bis zu 10 %	Obwohl flüssig, ist Jojobaöl eigentlich ein Wachs – gewonnen aus dem Samen des Jojobastrauchs. Es ist besonders wertvoll und wird deshalb auch gern „flüssiges Gold“ genannt. Überfettungs- und Pflegeöl mit einem hohen Anteil an unverseifbaren Bestandteilen.
KAKAOBUTTER	bis 25 %	Aromatisches Fett von hellgelber Farbe, das aus den Kakaokernen oder der Kakaomasse gewonnen wird. Es macht Seifen sehr hart und eignet sich gut als Überfettungsöl.
KOKOSFETT	bis 40 %	Basisöl. Gewonnen aus dem Nährgewebe der Kokosnuss. Hervorragende Schaumeigenschaften, sollte aber immer mit anderen Ölen kombiniert werden, da es sonst austrocknend wirken kann.
MANDELÖL	bis zu 35 %	Pflege- und Überfettungsöl, gewonnen aus süßen Mandelkernen. Es ist äußerst haltbar und gut bei trockener und empfindlicher Haut.
OLIVENÖL	bis zu 100 %	Basisöl. Gewonnen aus dem Kernen der Olive. Hat hervorragende entzündungshemmende Eigenschaften. Die Schaumentwicklung ist sehr fein und kleinporig bis cremig.

NAME	EINSATZKONZENTRATION	BESCHREIBUNG
PALMÖL	bis zu 40 %	Basisöl. Gewonnen aus dem Fruchtfleisch der Ölpalme. Wirkt schaumstabilisierend und macht die Seife hart.
RAPSÖL	bis zu 40 %	Basisöl. Gewonnen aus dem Samen der Rapspflanze. Muss mit schaumgebenden harten Fetten bzw. Butterarten kombiniert werden.
REISKEIMÖL	bis zu 40 %	Basis- und Pflegeöl. Gewonnen aus Reiskleie. Erzeugt wunderbar cremigen Schaum. Immer mit harten Fetten kombinieren.
RIZINUSÖL	bis zu 15 %	Pflegeöl. Gewonnen aus dem Samen des „Wunderbaumes“ (Wolfsmilchgewächs). Es ist äußerst schaumfördernd, sollte aber stets in Kombination mit harten Fetten und in nicht zu hoher Konzentration verseift werden.
SHEABUTTER	bis zu 30 %	Gewonnen aus den Früchten des Karitébaumes, an dem die Nüsse traubenartig wachsen. Als Überfettungs- und Pflegeöl geeignet. Hoher Anteil an unverseifbaren Bestandteilen.
SOJAÖL	bis zu 40 %	Basisöl. Gewonnen aus der Sojabohne. Gute hautpflegende Eigenschaften. Immer mit harten Fetten bzw. Butterarten kombinieren.

Liste der Verseifungszahlen

BEZEICHNUNG	NAOH	BEZEICHNUNG	NAOH
Annattoöl	0,1330	Maracujaöl	0,1290
Aprikosenkernöl	0,1350	Margarine*	0,1340
Arganöl	0,1360	Mohnöl	0,1383
Avocadoöl	0,1335	Nachtkerzenöl	0,1345
Babassuöl	0,1750	Olivenöl	0,1345
Bienenwachs	0,0690	Palmöl	0,1405
Camelliaöl (Teesamenöl)	0,1360	Palmkernöl	0,1680
Carnaubawachs	0,0690	Pfirsichkernöl	0,1345
Distelöl	0,1355	Rapsöl	0,1354
Erdnussöl	0,1355	Reiskeimöl	0,1345
Hanföl	0,1345	Rizinusöl	0,1286
Haselnussöl	0,1370	Schwarzkümmelöl	0,1350
Jojoba	0,0660	Sheabutter	0,1282
Kakaobutter	0,1380	Sesamöl	0,1376
Kokosnussöl	0,1830	Sojaöl	0,1355
Kürbiskernöl	0,1350	Sonnenblumenöl	0,1350
Lanolin	0,0750	Stearin	0,1460
Lorbeeröl	0,1405	Tafelöl (Pflanzenöl gemischt)	0,1360
Leinöl	0,1340	Traubenkernöl	0,1285
Macadamianussöl	0,1390	Ucuubabutter	0,1220
Maiskeimöl	0,1360	Walnussöl	0,1335
Mandelöl	0,1365	Weizenkeimöl	0,1310
Mangobutter	0,1339	Wildrosenöl	0,1359

(Quelle: http://www.naturseife.com/verseifungstabelle.htm)

* Schätzwert, da die Zusammensetzung von Margarine, abhängig vom Hersteller, unterschiedlich ist.

Quellen

SEIFENRECHNER

http://naturseife.com/Seifenrechner

http://www.tuula-seifen.de/seifenrechner.php

http://soapee.com/calculator

http://soapcalc.net/calc/soapcalcwp.asp

ROHSTOFFHÄNDLER UND BEZUGSQUELLEN

www.behawe.com (führt alle Rohstoffe fürs Seifensieden, inkl. Parfümöle, ätherische Öle, Farben und Formen – meine absolute Lieblings-Einkaufsquelle! Die Qualität ist hervorragend, das Personal sehr fachkundig und äußerst hilfsbereit.)

www.dragonspice.com (tolle Blüten und Kräuter)

www.manske-shop.com (breites Sortiment an Rohstoffen)

www.babassu.de (unraffiniert und fair gehandeltes Babassuöl in Bio-Qualität)

www.fragrancy.de (Parfümöle und ätherische Öle mit Angaben zu ihrem Verhalten bei der Verseifung)

macsoapy shop (deutscher Vertrieb für Gracefruit-Parfümöle)

www.gracefruit.com (Rohstoffhändler insbesondere für Parfümöle und ätherische Öle sowie für Farben, Zusätze, Verpackung und Formen)

www.lumbinigarden.de (Seifenformen, speziell für kleine Mengen, sowie Anbieter für die Taiwan-Swirl-Formen)

www.sansavon.com (Parfümöle, Pigmente und Farben, Silikonformen und Stempel)

www.seifenschneider-mrk-tools.com (Seifenschneider, Seifenformen und Dividoren)

WEITERFÜHRENDE LITERATUR

www.olionatura.de (der Online-„Almanach" für Öle, Fette und kosmetische Rohstoffe, sehr fundierte Wissensdatenbank – auch als Buch erhältlich)

Brigitte Bräutigam, Feine Seifen und Badeöle selbst gemacht (Anaconda-Verlag)

Claudia Kasper, Naturseife, das reine Vergnügen: Die Herstellung feiner Pflanzenseifen in der eigenen Küche (Freya-Verlag); www.naturseife.com

www.seifentreff.de (das Onlineforum für Seifensieder und -Interessierte)

Danke

Ich möchte an dieser Stelle Danke sagen an:

Margit Weiler, Kosmetikerin/Aromatherapeutin und seit über 25 Jahren Inhaberin der Fachgeschäftes „Puderdose“ in Worms. Liebe Maggie, ich werde nie vergessen, dass du vor vielen Jahren die Erste warst, die an mich und meine Geschäftsidee geglaubt hat – und zwar ab dem Moment, in dem ich in deinen Laden „gestiefelt“ bin. Du bist mir seitdem eine gute Freundin geworden, hast mich immer unterstützt und mir mit deinem nahezu enzyklopädischen Wissen über Rohstoffe und ätherische Öle sehr viel beigebracht.

Andrea Gerlach, Inhaberin der Seifenmanufaktur „Seifenzwerg“. Liebe Andrea, ohne dich hätte ich dieses Buch wohl nicht schreiben können. Danke für deine Tipps, Ratschläge, deinen Beistand per Telefon (auch bis spät in die Nacht …) und für deine Ideen. Wir beide sind der beste Beweis, dass man sich online in einem Forum kennenlernen kann und dass daraus sehr wohl eine jahrelange, wertvolle Freundschaft erwachsen kann.

An dieser Stelle ebenfalls ein großes Dankeschön fürs fachliche Korrekturlesen an euch, **Anke Kahn** und **Dorothee Matheusser**. Danke, Mädels.

Dr. Birgit Henrichfreise, Inhaberin des Onlineshops BEHAWE. Liebe Frau Dr. Henrichfreise, vielen Dank an Sie und Ihre Mitarbeiter für Ihre Unterstützung und unsere langen Telefonate, angefüllt mit wertvollen Tipps und Ratschlägen.

Liebe **Kati**, herzlichen Dank an dich für die spontane und kurzfristige Fotosession und das dabei entstandene wunderschöne Foto.

Über die Autorin

Kathrin Landmann fertigt in ihrer Seifenmanufaktur in Worms Naturkosmetik von Gesichtspflege über Badeprodukte bis zu Seifen, Deos und mehr. Ihre sanften Produkte, die frei von gesundheits- und umweltschädigenden Inhaltsstoffen sind, werden von ihr persönlich getestet und über ihren Onlineshop **www.evebutterflysoaps.de** vertrieben.

Impressum

Bibliografische Information der Deutschen Bibliothek.

Die Deutsche Bibliothek verzeichnet diese Publikation in der deutschen Nationalbibliografie.

Detaillierte bibliografische Daten sind im Internet über http://www.d-nb.de/ abrufbar.

Die im Buch veröffentlichten Aussagen und Ratschläge wurden von Verfasserin und Verlag sorgfältig erarbeitet und geprüft. Eine Garantie für das Gelingen kann jedoch nicht übernommen werden, ebenso ist die Haftung der Verfasserin bzw. des Verlags und seiner Beauftragten für Personen-, Sach- und Vermögensschäden ausgeschlossen.

EIN BUCH DER EDITION MICHAEL FISCHER

1. Auflage 2017

Covergestaltung: Viktoria Zettl

Redaktion und Lektorat: Dr. Volker Sellmann, Nürnberg

Produktmanagement: Natascha Mössbauer

Layout: Viktoria Zettl

Fotos: Christin Pardun, Siegburg

Autorenfoto: Kati Nowicki, Worms (www.katinowicki.com)

ISBN 978-3-86355-670-9

Printed in Slovakia

www.emf-verlag.de